◆坪谷美欧子／小林宏美◆
［編著］

人権と
多文化共生の高校

外国につながる生徒たちと
鶴見総合高校の実践

明石書店

はじめに

これからの日本社会を見据えて，人権や多文化共生がますます重要視されるようになってきている。とくに本書で取り上げる神奈川県立鶴見総合高校は，前身の寛政高校時代から長きにわたり外国につながる生徒受け入れの経験を持ち，また在日韓国・朝鮮人，沖縄出身者，日系南米人などが多く住む鶴見という多文化な地域性からも，豊富な経験や知見を持ち合わせた多文化共生の教育拠点ともいえよう。

教育現場における人権や多文化共生の実践は全国的にも共有化が求められている課題だろう。学校における多文化教育や共生の試みについてすでに出版されたものとしては，沼尾実編『多文化共生をめざす地域づくり――横浜，鶴見，潮田からの報告』（1996 年），山脇啓造編『多文化共生の学校づくり――横浜市立いちょう小学校の挑戦』（2005 年），志水宏吉編『高校を生きるニューカマー――大阪府立高校にみる教育支援』（2008 年），などが挙げられるが，高校段階での事例はいまだ数少ないのが現状だ。

これらを踏まえ，2007 年度より鶴見総合高校において「多文化教育コーディネーター」として外国につながる生徒への支援活動に携わっている本書の編者である坪谷と小林が討議を重ね，同校の実践を広く社会に対して還元することを目指し，今回の出版計画を立てた。本書の第一義的な目的としては，神奈川県による外国人生徒のための特別入試制度開始以前より受け入れを行ってきた寛政高校時代の教員たちの経験や姿勢をあらためて検証することである。そのうえで，2004 年からは総合学科高校として，特定の教員だけが関わるのでなく全校的な支援体制を築こうとしている点から，いかに外国につながる生徒たちの学習権を保障するかを考えたい。とくに 2010 年度から同校は，文部科学省・神奈川県の人権教育研究指定校としても，外国人支援の枠にとどまらず，人権，国際理解も含め全校的な取り組みが進められ，こうした実践は全国的にも他に例を見ないものと考えられる。さらには，多文化な地域に根ざしながら，地域社会や外部機関との連携を積極的に進め「開かれた」学校を目指している点についても焦点を当てていきたい。

本書の内容は，外国につながる生徒が多く在籍する神奈川県立鶴見総合高校で見られた課題と支援について，編者の 2 人が「多文化教育コーディネーター」として 2007 年からおよそ 5 年にわたり行った調査や支援活動にもとづき編集したものである。同校の校長をはじめ，実際の支援や授業の事例については，同校の教員，非常勤教員，元教員ら 10 名が執筆している。

このような作業から，外国につながる生徒を学校の「宝」や「財産」と捉え，さまざまな文化的な違いを認め合う学校づくりは可能か，というより大きな課題の解決に本書は貢献できるものと期待している。外国につながる子どもたちと関わる教育関係者・研究者・学生・ボランティア支援者はもとより，教育問題に関心のある市民などを想定して本書を編集したが，「多文化」化が進む現代日本においては，特殊な教育問題や支援ととらえず幅広い社会的関心を集められれば編者としては幸いである。

本書の構成について簡単に述べておきたい。本書は全体で 3 部から構成されている。

第 I 部は，外国につながるニューカマー高校生たちの学習保障について，多文化教育，入試制度，支援体制を中心にまとめた。序章では，多文化教育という理念をめぐるアメリカと日本での現代的意義および神奈川県における外国につながる生徒の高校進学の問題について確認した。学校としての運営・支援体制組織からの側面については，「外国につながる生徒への支援体制——制度・組織面から」（第 1 章）で，また外国につながる生徒たちの進路支援については「生徒の想いや背景の把握と進路支援」（第 2 章）で，高校での実践にもとづきまとめた。第 3 章では，「外国につながる生徒受け入れの原点——寛政高校時代における姿勢と経験」として，鶴見総合高校の前身の寛政高校時代の教頭への聞き取りから，特別入試制度も整備されていない状況下でいかに支援を行っていたかという本書のテーマの本質的な課題に光を当てている。

第 II 部は，高校での実際の授業から見た多文化共生として，日本語教育および教科指導の側面から教員たちによる活動報告を中心にまとめた。「高校における日本語指導の取り組みおよび課題」（第 4 章）では，同校の国語教員が日本語指導を担う難しさや意義について述べている。同校では，外国につながる生徒たちが個別に学ぶ，いわゆる「取り出し授業」も幅広く行われており，地理，世界史，保健の授業ではどのように彼らへの対応が取られているか事例が紹介されている（第5章）。授業をとおしていかに日本人生徒との交流をはかるかという視点については，「生徒による学び合いをめざした授業づくり」（第6章）で，さらには母語や母文化を日本の公立高校で教えることの意義や課題については，「母語・母文化保持の大切さ」（第7章）で論じている。第8章は比較研究として，米国のカリフォルニア州の高校での移民生徒への授業の実践例を取り上げている。

第Ⅲ部は，外国につながる生徒たちのおかれている状況および地域社会との連携を中心に考察したものである。委員会活動等をとおして成長をとげた生徒たちの事例については第9章「私が出会った外国につながる子どもたち」で紹介されている。第10章では，生徒たちの背景を理解した指導の重要性や高校と地域との関係などについて，20年以上日本語を教える非常勤講師へのインタビューから明らかにした。つづいて，生徒への聞き取り調査にもとづき，国境を越えて形成される家族関係を考察した第11章，高校と地域社会の人材やネットワークの連携の1つとして注目される多文化教育コーディネーター事業については第12章で論じている。

なお巻末資料としては，2012年3月に制定された「鶴見総合高等学校多文化共生教育指針――外国につながりのある生徒の支援のために」を掲載している。

＊＊＊＊＊＊＊

本書で詳しく取り上げられなかったが，ほかにも（元）教員，学習補助ボランティア，そして日本語の授業や放課後学習，生徒への聞き取りにかかわる多文化教育サポーターが，鶴見総合高校の外国につながる生徒たちを日頃から支えている。校内のイベントなどでは卒業生が協力する姿も印象的だ。こうした方々にもぜひとも寄稿をお願いしたかったが，紙幅の都合上，あるいは仕事や学業等の事情から残念ながら執筆がかなわなかった。本書の計画段階ではご協力いただいた方も少なくなく，この場を借りてお礼申し上げたい。

本書の刊行にあたり，公益財団法人横浜学術教育振興財団より平成24年度刊行費助成を受けることができた。出版を助成してくださった財団に感謝申し上げる。

平成25年3月

編者　坪谷美欧子

小林　宏美

世界の子どもたちと地域に根ざした高校教育

横浜市鶴見区の人口動態は，平成 24 年 4 月において 866 名の増加人口であった。このとき, 県全体では 1,046 名の人口減であったにもかかわらず, 鶴見区の人口増は突出している。また，5 月 1 日時点でも 529 名の人口増があった。

この人口増の理由を厳密に言及はできないが，外国籍の人たちの絶えない流入も含まれるであろうということは想像に難くない。本校が位置する鶴見区平安町の近隣には，韓国・中国・フィリピンや南米諸国などにつながりのある人たちがコミュニティに多数居住し，就学年齢に達すると，小学校段階からの日本の教育を受けている。

中学校卒業後の教育を求めるこれらの生徒・保護者の真剣な態度や姿勢を垣間見ながらも，本校を志望する生徒たちの数は，県で定められた在県外国人等特別募集枠の受け入れ定員を上回っているのが現状である。平成 24 年度の入学者選抜において，近隣の外国籍の中学生が，本校を希望していたにもかかわらず，入学者選抜に合格できず，結果的に他校への進学を選択しなければならなかった生徒がいたという話を直接，中学校の進路指導担当者から聞く機会があった。このような問題は，現行の制度上本校だけでは解決不可能であることも事実である。

しかしながら，上記の特別枠ではなく，一般募集枠の選抜により入学をしてきている生徒も数多く本校に在籍している。外国につながりのある生徒たちに対する教育の保障はかならずしも十分とはいえないまでも，本校では外国人生徒支援担当を中心として，個別支援授業や放課後学習サポートなどの教育支援体制を築いてきたところである。平成 24 年 3 月に制定した「鶴見総合高等学校　多文化共生教育指針」は，外国籍生徒にとどまらず，さまざまな形で外国にルーツを持つ日本籍生徒についても，生徒同士の出会いや学びを与えてくれる「宝」として大切にしたい，という思いを具体化したものである。

この指針の制定については，多くの外部有識者の多面的な助言・指導を得ながら，本校で取り組むべき言語学習と教科学習の支援，進路支援・家庭への支援の意義を位置づけ，多文化共生教育を推進できるように教育活動・支援活動の組織体制を明確にすることができた。

多文化共生社会に生きる子どもたちは，米国カリフォルニア大学バークレー校のクレア・クラムシュ教授によれば，「言語能力」とともに「文化間のずれを調整する能力」を身に付けなければならないといわれる。「地球規模の移動（ディアスポラ）の時代」に，そして高度情報化した社会に彼らを送り出していく教育機関の役割として，これらの能力を育成することは大きな試練ではあるが，これまでの言語教育への挑戦として，それを乗り越えていかなければならないと考えている。

本書は本校で試行錯誤しながら行ってきた外国につながりのある生徒への支援を中心にまとめられたものであるが，彼らの教育や支援に関わる他の教育機関においてよりよい受け入れの一助となれば幸いである。

鶴見総合高等学校校長　坂本　万里

目　次

第Ⅰ部

外国につながる高校生の学びをいかに保障するか

序 章　外国につながる高校生の学び

——多文化教育の視点から

（坪谷美欧子・小林宏美）

はじめに

序章である本章は，まずアメリカでの多文化教育の経緯や理念を手がかりに，日本におけるニューカマー外国人の子どもの教育，とりわけ高校進学を果たした生徒たちが抱える問題とその支援について考察する。

ニューカマー外国人が増加した1990年代初頭からすでに20年を経て，その子どもたちも日本生まれや幼少時に来日し日本で教育を受けた者，いわゆる1.5世もしくは2世といえるような層の広がりを見せている。一方で近年では母国で中学を卒業もしくは高校進学後に来日し，日本の高校への入学を希望する義務学齢超過者の増加も顕著である。彼らは親の仕事や日本人との再婚にともなう「連れ子」として来日するほか，年齢的にも高校に通いながらアルバイトができるため就労も1つの目的として来日する場合がある。このようにニューカマー外国人の子どもたちの間にも，日本での学びについて抱えている困難さが多様化していることは事実である。

高校への進学についていえば，日本人の進学率が97％を超えているにもかかわらず，外国につながる生徒たちの進学率は地域や調査により違いはあれ，低いもので10％から高くても80％程度と推定されている（乾 2008: 32）。こうした状況下では，彼らは高校進学を果たした「成功者」ともいえるのかもしれないが，進学後にもさまざまな問題を抱えていることも明らかになっている。彼らを受け入れる高校側としては，日本語や教科指導などの面の対応に加えて，日本語を話さない保護者や家庭へのサポートも行わなければならない。日本語習得や教科学習への支援のみならず，多文化な背景を持つ生徒たちの，高校での「居場所」や彼らの将来像もあいまいなままである。

「多文化」化が進む現代の日本社会においては，「多文化共生」や「多文化教育」の必要性がさけばれるようになってきている。しかしこれらが具体的に何を目標としているのかは定まっておらず，外国人の子どもを受け入れる学校という「現場の論理」としては，同化主義的な思想や日本語修得を強調するようなモノリンガリズム（monolingualism；単一言語主義）も現状としては根強い。急増するニューカマー外国人の子どもたちの多くは緊急的な対処・対応という形で受け入れられるため，その結果日本語修得や日本の学校への適応がどうしても強調されがちである。

社会の成り立ち，そして州や学区による目標や実践形態なども異なるため，日米間では単純な比較はできないものの，移民の受け入れに長い歴史を持つ米国に目を向けると，公民権運動が教育改革へと波及したプロセスを経ており，多文化教育は学校やカリキュラム改革などかなり広範囲の教育運動を意味している。一方，日本においては，外国人に義務教育が適用されないという制度的制約が根本的なネックとなっており，外国につながる子どもの学習権の保障という観点は薄れがちで，各自治体においても制度面での不備が目立つ。こうした状況下で教育の質を左右するのは，個々の学校や教師たちの努力や負担に依るところが大きいため，現場の論理にのみ収斂され，ともすると理念的な側面が看過されてしまうおそれがある。とはいうものの，こうした経験の価値自体は否定されるものではなく，むしろ同和教育や在日韓国・朝鮮人教育，そしてニューカマー外国人の子どもの教育をとおして，日本社会に即した多文化教育の「内発的条件」や可能性（中島 1998: 25）を十分に備えているとも考えられる。これらの実践から一般化・理論化し新たな理念を導き出す可能性もあるだろう。本書のおもなフィールドとなる鶴見総合高校での実践を一事例とし，多文化教育や多文化共生をあらためて考え直すことには大きな意義があるものと考える。

1．アメリカの多文化教育――経緯と理念

(1)多文化教育登場の前史

(i)「分離すれども平等」原則と黒人の公民権運動

多文化教育とは，哲学的概念であり教育的プロセスであるといわれる（グラント & ビリング 2002: 233）。すなわち，アメリカ合衆国（以下，アメリカ）において周縁化されてきた黒人や他のマイノリティ集団の社会構造上の平等と文化多元主義の実現に向けて積極的に働きかけることができる人間を育てることを目的とする。したがって多文化教育の領域は，学校や教育制度などの教育プロセスとされるのである。多文化教育の始まりは，アメリカ社会で長年抑圧されてきた黒人が平等と公正を求めて起こした運動に遡る。本章では，以下，アメリカで多文化教育が発展した時代背景や教育アプローチ，教育実践について紹介することで，日本における多文化教育への示唆を得ることが期待される。

アメリカでは，歴史的に学校が移民の「アメリカ化」の機関としての機能を担ってきた。移民の子どもたちに共通語としての英語とアングロ・サクソン的価値[1)]を身につけさせることが，教育の役割として位置づけられてきたのである。しかし，「アメリカ化」の対象として想定されたのは，長らくヨーロッパからの白人移民であり，アメリカ先住民や黒人，アジア系等は人種的・文化的偏見から，同化の対象として真剣に考えられてこなかった。

アメリカ南部諸州では 19 世紀末から，学校や鉄道，レストラン，ホテル，水飲み場などありとあらゆる公共施設において，白人と黒人を分離する人種隔離政策が存在していた。人種隔離政策によって，アメリカの黒人はさまざまな基本的権利を制限されていたが，このような政策を法的に容認していたのが，「分離すれども平等」原則[2)]であった。この原則を拠り所に，南部諸州では人種別学制度が広く許容され，黒人児童は黒人学校に通学することが義務づけられていた。

人種隔離政策は南部で強固に根を張っていたものの，第二次世界大戦後，アメリカ国内の人種関係には変化の兆しが見え始めた。この背景には，民主主義国家のリーダーとして，それを世界に示す必要があり，国内の人種

1）アングロ・サクソン的価値とは，英語の習得やアメリカ人の衣食住，行動様式，政治態度を身につけることを通して，アングロ・プロテスタント系主流集団の伝統や精神を取り込むこととされる。

2）1896 年，最高裁判所は，施設が平等であれば，たとえそれが黒人と白人で区別されていても合衆国憲法修正第 14 条に違反しないと判決した。

問題は汚点と考えられたことや，人種差別撤廃を目指す黒人の法律家らが法廷闘争を通じて精力的に運動を展開したことが挙げられる。不平等撤廃に向けての社会の気運は高まっていた。連邦レベルでは，1941 年にルーズベルト大統領が，防衛産業や政府機関において人種による雇用差別を廃止する大統領行政命令を発動した。ルーズベルトの死後，その後を継いだトルーマン大統領は，1946 年，人種差別撤廃をめざす公民権委員会を発足させ，1948 年には軍隊における人種差別撤廃を求める大統領命令を発動している。その結果，朝鮮戦争ではアメリカ史上初めて，人種・民族の隔離なき統合された軍隊が動員されることになった。同じ頃，裁判では，合衆国最高裁が州間バスの座席を人種別にすることを義務づけた州法を無効とする判決や大学院における人種差別を禁止する判決を出している。

1954 年には，合衆国最高裁で歴史的なブラウン判決（Brown vs. Board of Education）が言い渡された。この判決は，長年にわたり人種隔離政策を支持する法的根拠とされてきた「分離すれども平等」原則を覆し，人種別学制度が憲法に違反するとしたのである。

(ii) 公民権運動の高まりと教育カリキュラム改革

黒人の公民権運動は，時間の経過とともに盛り上がりを見せ，大規模なものになっていった。その頂点といえるのが，1963 年 8 月 28 日の「ワシントン大行進」であった。集会には全米各地から 25 万人が参加し，あの有名なキング牧師による「私には夢がある」演説が行われた。

> 私には夢がある。それは，いつの日か，この国が立ち上がり，「すべての人間は平等に作られているということは，自明の真実であると考える」というこの国の信条を，真の意味で実現させるという夢である。……私には夢がある。それは，いつの日か，ジョージア州の赤土の丘で，かつての奴隷の息子たちとかつての奴隷所有者の息子たちが，兄弟として同じテーブルに着くという夢である。……私には夢がある。それは，いつの日か，私の 4 人の幼い子どもたちが，肌の色によってではなく，その人格の中身によって評価される国に住むという夢である（米国大使館レファランス資料室 2008: 152）。

1960年代半ばまで，黒人は全くといっていいほどアメリカの歴史教科書に登場してこなかった。現代史のなかで黒人の存在に触れたものはほとんどなく，個人名まであげたものはさらに少なかった。しかし，ワシントン行進で示された粘り強い挑戦に対し，報道機関は黒人に関して以前よりも多くの取材をし，紙面を割くようになった。雑誌や定期刊行物も彼らの不満を調査し，黒人に関する特集を組むなど黒人への対応に変化が見られるようになった（クォールズ 1994: 336）。

なかでも迅速に反応したのが連邦政府であった。ケネディ大統領は，1963年6月19日に新しい公民権法案を議会に提出した。同年11月，ケネディ大統領は暗殺されたが，その意志を継いだジョンソン大統領は，「銃弾に倒れた指導者を讃えるいかなる記念碑も強力な公民権法案には及ばない」として，翌年7月2日にこの法案を可決させた（クォールズ 1994: 336-340）。

公民権法の主たる内容は，以下のとおりである。公共施設における人種隔離と差別の撤廃（第2編），ならびに雇用面における差別禁止（第7編），連邦政府が財政支援するプログラムあるいは活動において，人種，肌の色，出身国を理由とする差別の禁止（第6編）などで，南北戦争以来，もっとも強力な公民権法となった。1965年8月には黒人たちの参政権を保障する投票権法が制定された。すでに合衆国憲法修正第15条では，人種，肌の色に基づく投票権の差別を禁じていたが，南部の多くの州では有権者登録の際に読み書き能力を条件としたり，人頭税を課したりしていたので，黒人は実質的に投票権を剥奪されていた。1964年の公民権法と1965年の投票権法により，黒人の有権者登録率は劇的に上昇し，公職に就く者も増えた。両法は，黒人の社会的経済的地位を向上させるのに多大な貢献を果たしたのである。

(2)学校現場への多文化教育導入

1960年代後半から70年代には，公民権運動は教育の場における改革へと及び，マイノリティの歴史や文化遺産を再評価し，教育思想・カリキュラム改革運動の必要性が認識されるようになった。大学ではマイノリティ集団の歴史や現状を教える「エスニック・スタディーズ（ethnic studies）」

といわれる講座が新設されるとともに，アファーマティブ・アクション（affirmative action）[3]によって，多くのマイノリティ出身の教師が大学に優先的に採用され，これらの講座を担っていった（油井 1999: 4）。

1972 年から 80 年にかけて，「民族遺産振興法（Ethnic Heritage Studies Act）」によって，各エスニック集団の歴史や経済，文学，芸術，音楽，言語，文化に関連する教材開発に対する連邦政府の援助が促進された（Banks and Banks 1995: 45）。しかし，この法律にもとづく資金援助は限定的なものであった上，レーガン政権が誕生した 1981 年には廃止された。

1980 年代になると，黒人の知識層の間から従来の教育カリキュラムに対する批判が出てきた。1987 年にスタンフォード大学の黒人学生団体から公演に招かれたジェシー・ジャクソンは，彼が大学で必修科目とされている「西洋文化」の内容があまりにヨーロッパ社会を中心にしたものであると批判した。翌年，同大学は教養科目の「西洋文明研究」の廃止を含むカリキュラム改革を決め，1989 年から実施した。このような教育改革の動きは，その後各地の大学や初等教育にまで波及した。これが民族的文化的差異の尊重を重視した「多文化教育（multicultural education）」を学校教育に導入する契機となったのである。

⑶多文化教育の定義と教育アプローチ

アメリカの多文化教育の第一人者であるJ・A・バンクスは，多文化教育の目標として次の二点を挙げている。

1. 多様な集団の生徒に対して教育の平等を保障する。

このような多文化教育を実現させるためにも，学校の構造的改革はきわめて重要である。すべての生徒に学習機会を保障するように学校を改革するためには，学校内の主要な前提，信念，構造が根本的に変えられねばならない。そのなかには，たとえば，進学別クラス，また知能検査の解釈や利用法が含まれている。学校を改革し，多文化主義を実現するためには，生徒の学習スタイルや人間の諸能力，知識の特性に関する新

3）黒人や女性など差別されてきた少数グループに対する積極的是正措置の総称で，教育や雇用の分野で優先枠を採用すること。

たなパラダイムが，教育のなかに制度的に確立されねばならないだろう。教師は，すべての生徒が社会階級やエスニック集団にかかわりなく学ぶ力を持っているということ，また知識が社会的，政治的，規範的な前提のもとで，社会的につくられたものであるということを認識しておかねばならないだろう（バンクス 1999: 34-35）。

2．すべての生徒のための戦略として一般化する。

今後非白人が三分の一を占めるようになるアメリカ社会において，主流の白人生徒を含むすべての生徒が，社会を生きぬき，その役割を有能に果たすために必要なスキル，態度を育てられるよう支援することである（バンクス 1999: 35）。

ここでバンクスが強調しているのは，多文化教育がマイノリティの生徒だけでなく，主流の白人生徒をも対象としていることである。その理由として，今日の情報化社会を生きる市民として高度の読み書き能力をはじめとする諸々のスキルが求められていることが挙げられる。また，多文化教育が普遍性を持ち，国民の広範な利益にかなうものと認識される程度に応じて，全米の学校や大学における制度化や支援が進むと考えられるからである。

『多文化教育事典』によると，多文化教育とは「哲学的概念であり教育的プロセスである。それは，アメリカ合衆国憲法および独立宣言に示されている自由，正義，公正，人間の尊厳という哲学的理念の上に構築される概念である。多文化教育は，平等（equality）と公正（equity）を峻別する。すなわち，平等なアクセスは必ずしも公平（fairness）を保障するとは限らないからである。多文化教育とは，学校やその他の教育的諸制度において生起するプロセスであり，すべての教科およびその他のカリキュラムの諸側面を特徴づけるものである」という（グラント＆ビリング 2002: 233）。両者の定義に共通する点は，多文化教育が合衆国憲法や独立宣言で保障されている自由や平等，人間の尊厳という西洋の伝統や価値観から生まれたということである。

多文化教育が実践される場合のアプローチとして，C・グラントとC・

表１　C・グラントとC・スリーターによる多文化教育実践のアプローチ

類　型	目　的
(主流とは）異なる文化的背景を持つ者に対する教育 (teaching the exceptional and culturally different)	生徒に主流の社会に適応するための価値観と，学力的な基礎を身につけさせることにある。たとえば，英語能力が十分ではない生徒に対して，イマージョン・プログラムが実施されることである。
人間関係（human relations)	現存の社会構造内部における調和，寛容，受容を促進することである。カリキュラムでは，異文化間コミュニケーション，生徒同士の協同学習を推し進める授業が奨励される。
単一集団研究 (single group studies)	学習者が属する集団（たとえば，日系アメリカ人や女性）の歴史や文化についての知識の習得，その集団のエンパワーメント，社会的地位向上，社会における集団間の平等の実現，文化的差異に対応するような授業の実現である。
多文化教育 (multicultural education)	「多文化教育」アプローチの目的は，社会的平等と文化的多元主義にある。カリキュラムは，生徒の持つ文化，言語，学習スタイルに文化的に相応しなくてはならない。教科として科学や数学などの学問を教えるが，そこで獲得される知識は，消費者のみならずリーダーとしての生徒にとって力になるものでなくてはならないと考える。科学や技術科の教員が女性，家庭科の教員が男性であるというように，多様性に富み，伝統に縛られないことが重要である。
多文化的で社会構築主義的な教育 (education that is multicultural and social reconstructionist)	学校教育のあらゆる領域（たとえば，教職員構成，カリキュラム，授業，評価，カウンセリング）が，多文化的であることである。カリキュラムも多元的な視点および人物，階級，ジェンダー，障がい，性的指向性に関する社会問題を考慮に入れなければならない。

出典：カール・A・グラント，グロリア・ラドソン＝ビリング編著『多文化教育事典』(2002年）を基に筆者が作成。

スリーターは５つのアプローチを提示している（表1)。

以上のように，一口に多文化教育といっても，その目標やカリキュラム，特徴，実践形態はさまざまである。とりわけアメリカの場合，合衆国憲法により教育は州が管轄するとされているため，州によって，さらには地方学区によって，多文化教育のアプローチや実践形態もさまざまであるといえよう。

これまで見てきたように，多文化教育はアメリカの黒人たちが平等と人間としての尊厳を勝ち取るために繰り広げた運動に源流があり，アメリカ黒人たちの歩んだ苦難の歴史と密接に関わっている。黒人の平等と公正を求める公民権運動は，徐々にアメリカ市民の理解と支持を獲得していき，最終的には1964年公民権法に結実し，法制度的な人種差別は撤廃されることになる。その後公民権運動は教育の場における改革へと波及していき，マイノリティ集団の歴史や文化遺産を積極的に評価する多文化教育が発展してきたのである。

他方，日本の学校教育は，日本国民を形成することを目的とした教育カリキュラムが支配的で，生徒の多様性を認識し尊重する文化に乏しいといえよう。グローバル化の進行，とりわけ1980年代以降のニューカマーと称される外国人住民の増加は，学校に在籍する外国籍の子どもたちの増加を促し，教育現場におけるさまざまな課題を浮かび上がらせている。近年では，言語文化的背景の異なる児童生徒に対する従来の同化主義的教育アプローチの弊害を指摘する研究も散見されるようになってきた。しかし，日本社会の実情を踏まえた多文化教育の理論化や一般化，教育方法論，実践などこれから積み上げていくべき課題は少なくない。その意味でアメリカにおける多文化教育の経験や研究成果を先行する知見として学ぶことは意味のあることだと考える。

2．日本における外国につながる子どもたちの高校進学

(1)義務教育段階との違い

外国につながる子どもたちの課題についての日本における先行研究では，日本の学校文化の特殊性が子どもたちの学校への不適応や低い学習意欲と関係づけられて論じられてきた。たとえば，「一斉共同体主義」（恒吉1996），「モノカルチャリズム」（太田2000），「日本的学校文化」（加藤・宮島2005）などと定義づけられている。加藤と宮島（2005）によると「日本的学校文化」とは，学校内での生徒の行動を規定する「諸コード」であり，文化，すなわちC・ギアーツの「社会的に決められた意味の構造」をなすものだという。さらに，日本の学校がその学校文化自体を見直すことは稀で，外国人の子どもが日本の学校文化に適応できないことに学校側にも「慣れ」が生じ，学校のなかに「二重規範状態」が生まれる場合もある（加藤・宮島2005: 1-2）。

外国につながる高校生についての研究成果は，とりわけ2000年以降に少しずつであるが見られるようになっている（広崎2001；2007；志水2008；

坪谷 2007；山崎 2005a；2005b；趙 2010)。まずは高校入試だが，彼らの高校進学をどう捉えればよいのだろうか。近年多くの自治体で行われている外国につながる生徒への特別枠入試等の措置の適正さについての検証が必要である（乾 2008)。また，普段の授業態度や学内活動などを面接入試でアピールするという，ある種日本の学校文化に馴染むことで可能となる外国人生徒の「進学モデル」も定着しつつある（山崎 2005b：12-13)。

とくに近年では，中学卒業まで間もない時期や 15 歳以上の学齢超過で来日する生徒が増えている。そのため，日本生まれもしくは日本育ちで長年日本の学校で学んだ生徒との間には，高校入学後に抱える問題の相違に着目する研究もある。広崎はこれらの生徒を「早期来日型」と「直前来日型」と区別し，とくに「直前来日型」の生徒は「母国で受けた教育を背景として，日本語を基盤としない教科（数学や英語）で得点すること」が可能だとしている（2007: 230)。しかし，「その場合でも，入学できる高校は本人が潜在的に有する学力相応のランクよりも低いランクの高校になる可能性」がある。義務段階と異なり高校に進学すると，レベル別・目的別の進路志向を持った相対的に同質的な集まりとなる。したがってそこでは「日本的学校文化」といっても，日本人マジョリティ生徒たちはどちらかというと「脱学校的な文化」を持つ傾向にある。外国人生徒はこうした日本人生徒に対して「違和感や葛藤を覚え」，「勤勉に努力する態度」を後退させがちな「阻害要因」となる（広崎 2007: 240)。

外国人高校生の卒業後の進路選択については，いまだ明らかにされていない点が多いが，たとえば，「とりあえず進学型」「架け橋型」「国際型」「手に職型」「現実直面型」と多様な方向性を示している（今井 2008: 184)。また国家という枠を超えて雇用や所属形態にかかわらずさまざまな経験を積んでゆくニューカマー生徒が志向しがちなキャリア形成に対し，教員たちは戸惑いながらも「否応なく取込まれていく」過程なども明らかになっている（山崎 2009: 93)。

一般に彼らの親族も日本では低賃金雇用に就くことが多いため，多文化な背景を持ちながら日本社会で生きることについての「モデル」の不在（田房 2005，坪谷 2007）の問題は深刻である。単純労働に従事せざるをえない傾向にある家族や親族内に「手本」や「目標」となるような人物は少ない。

さらに母国とのつながりにおいては，母国に関する集団を準拠集団としている外国人生徒は社会的地位の上昇イメージを抱くことができるが，日本に関する準拠集団内にはそのようなモデルが見出されないという研究結果もある（山崎 2005b: 64）。

高校と外国人保護者との関わりについての研究はまだ多くなく，進路選択に対する親の意向や影響も，いまひとつ見えてきてはいない。文化やことばの違いなどから，外国人の親とホスト社会の学校とのかかわりが薄いという言説が一般的に知られている。日本語での教員とのやり取りや，自身の職場等での被差別体験から，外国人の親たちは学校と関わることにためらいがちである（坪谷 2007: 50-51）。日本の高校教育についての親の客観的な理解を妨げる要因として，母国社会の学歴観・教育観の影響が非常に大きく，ともすると両国の「都合の良い」面のみに目が行きがちであることも指摘されている。

他方で，高校レベルでの外国につながる生徒たちの学内サポート体制をどう確立するかということにも，課題が残されている。総合学科改編にともない人的・財政的支援を教育委員会から取り付けた校長の例などからは，校長や管理職のリーダーシップ（新保 2008: 92）も欠かせないことがわかる。さらに，外国人生徒の支援や日本人生徒との交流にあたり，ネットワークの「ハブ」的な役割を果たすニューカマーの教職員や教育サポーターの存在（新保 2008: 93）が大きいことも，大阪府の高校の事例で報告されている。地域社会による支援については，「外部」のボランティアや人材が東京都のある高校と協働することで外国人生徒の進路選択に成果が見られたというケースもある（広崎 2007）。たとえば大阪府のある高校では，同和教育や在日コリアン集住の歴史から，高校での人権教育全般に対する「土壌」がニューカマー生徒の受け入れでも活用されている（新保 2008: 95）。こうした試みは，地域的な特色や人材を生かしたサポート・ネットワーク体制の重要性を示すものである。

以上のような先行研究から，外国につながる子どもたちの高校進学については，単なる「成功者」という見方を改め，彼らの抱える問題の背景や要因を正面からより詳細に検証することが重要であることがわかる。具体的には，母国の学校経験が長い者にとっては母国の教育観や学校文化がどのように日本の高校での学習に影響を及ぼすか，そして1.5世〜2世も含めた外国につながる若者たちの「モデル」の不在の問題の研究が不可欠である。他方で，高校が学内サポートと外部支援者のかかわりをいかに有機的につなげていくかという視点を持った研究も，もっと進んでもよいはずだ。これらの作業をとおして，今後さらなる増加が予想される外国につながる子どもたちのアイデンティティなど，移民の若者や第二世代たちの社会的・文化的領域におけるホスト社会（日本）への統合の可能性をさぐることができるようになるだろう。

(2)外国につながる生徒の高校進学——神奈川県を中心に

表2は，小・中・高別の上位6都府県における日本語指導が必要な児童・生徒の在籍者数を示したものである。この表から単純に高校への進学率が読み取れるものではないし，日本語指導の必要性は各校が判断するものなので恣意的な部分も多いが，日本語指導を必要とする高校生を圧倒的に多く抱えるのは，神奈川県，東京都，大阪府であることがわかる。

神奈川県についてより詳しく調べると，2010年5月1日現在，県内の高校に通う外国籍（日本籍は含まれない）生徒は1,122人となっている。公立高校が1,029人，私立高校が93人で，これは県内の生徒総数の5.7%にあたる。また，2010年9月1日現在の，神奈川県の「日本語指導が必要」とされる高校生の人数は382人であるが，これを上記の県内外国籍高校生1,122人で割ると，高校入学を果たした約34%の外国籍生徒が日本語指導を必要としていることがわかる。

神奈川県立高校では，1996年度入試より来日3年以内の者に対して「在県外国人等特別募集」（以下，「在県枠」）として入試枠が設けられ，通常は

表2　日本語指導が必要な児童・生徒の在籍者数上位6都府県

	小学生	%	中学生	%	高校生	%	合計
東京都	1,282	47.7%	1,090	40.5%	317	11.8%	2,689
神奈川県	1,804	60.6%	792	27.0%	382	12.8%	2,978
静岡県	1,764	71.9%	619	25.2%	71	2.9%	2,454
愛知県	4,081	72.9%	1,427	25.5%	91	1.6%	5,599
大阪府	904	49.7%	653	35.9%	263	14.5%	1,820
三重県	1,094	66.7%	407	24.8%	138	8.4%	1,639

出典：2010年9月1日現在，文部科学省

5科目のところ，外国語（英語），国語，数学の3教科（試験問題はルビふり）および面接による選抜が行われている。受検資格は，外国籍を有する者（難民を含む），または日本国籍取得後3年以内，いずれも受検年2月1日に入国後の在留期間が通算3年以内の者に限られる。2012年度入学では，県内の全日制9校と定時制1校の10校（横浜市立1校を含む）で，合計109名の定員が設けられている（図1）。このほか，来日6年以内の生徒には，ルビふり，時間延長などの措置もある。2012年度の在県特別枠全体での倍率は1.16倍となっており，なかでも鶴見総合高校は1.60倍の高倍率で，2012年度入学の県全体の後期選抜の平均競争率1.40倍と比べても，この数字は高いといわざるをえない。さらに，特別枠が設定されている高校の地域的な偏りも指摘されている。外国につながる生徒が非常に多い横浜市内には3校（うち1校は市立高校）あるが，2倍を越える競争率の年もあったほどだ。県内のニューカマー外国人の集住地域である川崎市内や横須賀・三浦地域には，特別募集を行う高校は1校も設置されていない。そのため，1つの高校に志願者が極端に集中したり，合格できる高校が遠方で長時間の通学を余儀なくされる生徒も少なくない。

神奈川県はほかのニューカマー外国人集住地域に比べ，高校入学の受

図1　2012年度在県外国人等特別募集実施校と定員

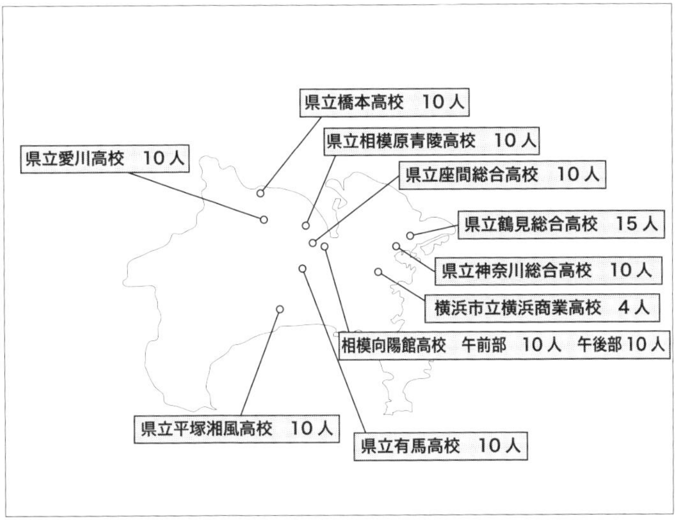

け皿としては絶対数が多いといわれているが（乾 2008: 40），在県枠の定員109名だけでは県内の外国につながる生徒たちすべてを受け入れるには当然のことながら十分ではない。来日後3年以上の者，また在県枠に合格できなかった者にとっては，一般募集や定時制の受検を選択しなければならない。さらに最近では，義務学齢を過ぎて来日する者や母国で中学を卒業した者が日本の高校受検準備のために中学入学を希望するも，学齢超過で入学が認められないケースがあとを絶たない。こうした者が高校進学を希望する場合，地元のボランティア教室，（留学生向けの）日本語学校，学習塾，あるいは中学既卒者の入学を認める夜間中学等で学び，高校受検に備えるほかない。この問題はとくに，外国につながる生徒が多く住む横浜市が，学齢を超過した海外から来日した者に対して中学校への入学を許可していないことに起因する。同市が年齢どおりの学年への編入しか認めていないこととも，関係があると思われる。

近年のニューカマー外国人の子どもをめぐる背景および量的な変容により，鶴見総合高校でも外国人生徒の一校集中という課題に直面することになった。これは，同校のような在県枠を持つ一校だけの問題にとどまらず，2004～2005年度にかけ神奈川県の入試制度全般が変更され，県内の学区が撤廃され全県一学区となったことの結果でもある。特別枠自体の増員と地域的な偏りの是正も含め，教育委員会や各校による今後の取り組みや受け入れ定員の見直しが急務の課題となっている。

3. 鶴見総合高校における外国につながる生徒

⑴横浜・鶴見と外国人居住

高校の概要を説明する前に，戦前より韓国・朝鮮人や沖縄出身者を中心とした多様な背景を擁する横浜・鶴見地区の特性についてまずは確認しておきたい。

鶴見区は神奈川県横浜市の北東部に位置し，北西部の丘陵地，鶴見川流域の低地，臨海部の埋め立て地から形成され，そのほとんどは市街地となっている。臨海部は工業地帯，中心部は商業・住宅地域が主体となっている。鶴見区の人口は，平成24年10月現在，276,027人で，横浜市のなかで3

番目に多い（横浜市鶴見区ホームページ）。

鶴見区の平成24年3月末現在の外国人住民数は9,670人で，横浜市内で中区に次いで2番目に外国人住民が多く住んでいる。80ヵ国を超える国・地域の人々が暮らしており，人口の多い順に中国人3,357人，韓国・朝鮮人1,770人，ブラジル人1,239人，フィリピン人1,064人となっている。

鶴見区における外国人居住の歴史は，明治43年（1910年）の日韓併合後，韓国・朝鮮人が日本に移り住んだ時代まで遡る。大正に入り，鶴見臨海部の埋め立てが始まり，京浜工業地帯形成期の大正9年（1920年）前後から，潮田（うしおだ）地区に朝鮮半島や沖縄出身の労働者が多く住むようになった。平成2年（1990年）には，出入国管理及び難民認定法の改正により，日本で仕事を得やすくなった日系南米人が来日するようになった。京浜工業地帯で働く沖縄出身者が多かった鶴見区には，沖縄から南米に渡った人々の子孫にあたる日系2世，3世が親族や知人を頼って多く住むようになったのである。

戦前から海外出身者が多く暮らしてきた鶴見では，多国籍の料理を味わえるエスニック料理店なども多い。またこのような地域柄，外国人と日本人が言葉や文化の違いを超えて，お互いに理解し支え合って暮らしていくためのさまざまな取り組みが行われてきた。区内ではいくつもの団体が，外国人に日本語を指導する日本語教室や外国につながる子どものための学支援教室を長らく開催してきた。平成20年6月には，地域で支える多文化共生のまちづくりを推進することを目指し，「鶴見区多文化共生推進アクションプラン」が策定されている。さらに，平成22年12月には外国人支援・多文化共生推進の拠点として「鶴見国際交流ラウンジ」が開設された。

以上のように，地域で働き学び生活を送る外国人と日本人が，地域の一員としてともに安心して暮らしていけるよう，行政，事業者，団体，区民がお互いに連携・協力しさまざまな取り組みを推進している鶴見は，多文化共生の先進地域ということができるであろう。

⑵高校の概要と支援体制

鶴見総合高校は，2004年に寛政高校と平安高校の2つの高校が再編統合されて開設された単位制の総合学科高校であり，2012年4月時点の在籍生徒数は計713名，クラス数は3学年で18組，常勤教職員60名である。総合学科とは選択履修により普通教育と専門教育の両方を総合的に施す学科のことで，その特徴は，知識や技能，将来の職業を見据えた「キャリア・プランニング」の取り組みを行うことである。また同校は，「国際文化」「造形表現」「情報ビジネス」「環境科学」「健康福祉」という5系列が設置されており，とくに「国際文化系列」の設置科目のなかには，「国際理解入門」「旅する地理」「ポルトガル語」「中国語」「韓国朝鮮語」「日本語」など，さまざまな国や地域の歴史・文化・言語・風習などを学ぶ授業も用意されている。

とくに前身の寛政高校では「在県外国人等特別募集」が1996年度に開始される前より，神奈川県内で唯一といってよいほど独自に外国人生徒を受け入れていた経験を持つ高校である（第3章を参照のこと）。当時より，日本語力にかかわらず入試において学習意欲の高い外国人生徒を多数受け入れていた実績がある。二つの高校が統合された2004年度からは，「在県外国人等特別募集」として15名の定員が導入されている。そのため，在県枠での入学者15名が3学年に在籍しているほか，一般入試で入学する外国籍生徒も含めれば75名程度，さらには日本国籍を持つ外国につながる生徒も含めると，例年90～100名ほどの外国につながる生徒が在籍していることになる。この数は全校生徒数の約14%にあたり，全国的に見ても，外国につながる生徒の在籍数のきわめて多い高校といえる。国籍やルーツの内訳でいうと，中国がおよそ6割を占めるが，そのほかフィリピン，台湾，韓国・朝鮮，ベトナム，タイ，ラオス，ネパール，ブラジル，ボリビア，メキシコ，カナダ，ザンビアなど，多様である。来日経緯は，両親の仕事や再婚等，来日時期も幼少期の者，母国で中学を卒業した者，そして母国で高校・大学進学していた者と，さまざまな背景を持つ。

同校の15名の「在県外国人等特別募集」の入試枠には，例年これを上回る出願があり，2008年度入学は1.67倍，2009年度入学は2.33倍，2010年度は1.87倍，2011年度は1.75倍，2012年度は1.60倍と，競争倍率は高めに推移している。先にも述べたが，外国につながる生徒が多く居住する横浜・川崎地区に在県枠の設定が3校しかなく，結果的に同校は在県枠を持つ高校のなかでももっとも競争率が激しい高校となっている。

教員組織については第1章に詳しいが，寛政高校の頃から校内には受け入れ組織として「人権委員会」があり，2006年の組織変更により生徒支援グループ内に「外国人支援担当」が設置され，各学年・グループの担当者から構成される教員たちで，外国につながる生徒の支援に専門にあたっている。生徒会による委員会では，「多文化交流委員会」が2005年度から，外国につながる生徒と日本人生徒との交流をはかるために設置されている。

外国につながる生徒への支援体制もさまざまなものが取り入れられており，「個別対応授業」（いわゆる「取り出し」授業）では，国語科（国語総合，現代文，国語表現Ⅰ，Ⅱ），社会科（地理A，世界史A，現代社会），保健となっている。これらの科目の設定理由は，生徒の出身国にない科目や，あっても内容が日本とは大きく異なるものとされている。「日本語」は入学時の日本語力の調査の結果に応じて，初級〜上級の4クラスで学ぶことができる。ネイティブの講師による母語保障を目的とした「中国語」ならびに「ポルトガル語」も用意されている。多くの個別対応クラスや母語クラスを用意することができているのは，総合学科ならではのカリキュラムの弾力性を生かしているからだろう。また難解な専門語彙が多い科目である保健・理科基礎等では，教科書のなかのキーワードを母語（中国語・ポルトガル語・スペイン語・英語）に翻訳し一覧にしている。

学校による家族状況の把握は当然重要であるが，プライバシーの問題もあり容易なことではない。だが，同校ではこうしたことにも踏み込んだサポートも実施している。

具体的には，外国につながる入学者についての在籍調査がまず挙げられる。同校では新入生の言語・文化・家庭的な背景の把握は不可欠なものと捉え，「公文書記載用カード」を作成している。「公文書記載用カード」の記載項目は，生徒の氏名・読み方・あれば通称名・国籍（2つ記入可）・海外での生活経験（国名・来日時期および年齢・来日時の編入学年），そして日本語を母語としない保護者へは，保護者の氏名・母語・面談時や文書の通訳の必要性の有無・その他学校への要望など，多岐にわたり尋ねている。公文書記載用カードは，さまざまな公文書に正しく氏名等を記載するためのものであるが，あわせて国籍や海外での生活経験などを記入してもらうことによって，在留資格の更新などの手続きの際に生徒本人が出向かなければならない時にも，公欠扱いになることを保護者に周知することができるという。

同校は神奈川県の「通訳支援事業」も利用し，各種説明会，保護者面談，生徒指導などで外国人の親のために通訳を配置している。また中国語・ポルトガル語の授業を担当するネイティブ教員が，緊急時には通訳として外国人保護者に対応できるという利点も生かしている。このほかにも，保護者向けの文書にはすべてルビ振りがなされるなど，数々の取り組みを通じて生徒・保護者ともに安心感を持ってもらい，学校との間に信頼関係を築くことに努めていることがわかる。

さらに地域社会のネットワークも積極的に活用しており，2007 年度より神奈川県教育委員会と NPO 法人多文化共生教育ネットワークかながわの協働事業である「多文化教育コーディネーター」が派遣されている。本書の編者 2 名は，多文化教育コーディネーターとして同校の外国につながる生徒を中心に支援を担当している（第 12 章を参照のこと）。また，週 1 回の放課後学習サポートや東京外国語大学の大学生を中心とした定期試験前の土曜日の学習サポート活動なども長年続けられている。

おわりに

アメリカにおける「多文化教育」とは，すべての生徒が社会階級やエスニック集団に関わりなく学ぶ力を持てるよう，多様な集団の生徒に対して教育の平等を保障すること，すべての生徒のための戦略として一般化すること，という学校改革や新たなパラダイムの必要性を意味するものである。日本で「多文化教育」ということばが持つイメージは，国際理解教育などと混同され，日本の外や異なる文化に目を向けられがちであるが，多文化教育とはじつは自分たちの教育の「内なる」変革を求めるものであることがわかる。

そのような観点で考えれば，80 年代以降増え続けるニューカマーの子どもの存在によって，日本語指導や学校文化への適応という緊急性をともなう対応のみならず，彼らの持つ言語・文化的背景，そして多様なニーズに応えられる学校システムの変容が求められている。そうした取り組みこそが翻って，すべての児童・生徒への人権や多様性を尊重することにつながる可能性があることを意味している。現代の日本の学校は総じてさまざまな転換が求められているが，この多文化教育が提供する「学校改革」という視点は貢献できる部分が多いのではないかと思う。

もちろん欧米の国々と日本とでは，社会構成員の多様性やその歴史，社会構造の違いがあるので，同一レベルで多文化教育を論じることはできない。しかし英米ではマジョリティ側の「アングロ・サクソン的価値」や「白人性」が問題視されるようになったように（中島 1998: 28），多文化教育とはマジョリティ自身が問われていることも忘れてはならない。日本の学校教育は，依然として日本国民の形成を目的とした教育が前提とされ，日本人を含めた個々の子どもが持つ多様性に対してはさほど注意が払われない。だが日本でも外国につながる生徒への指導や支援を通じて，マジョリティ側の社会や文化を正面から問い直す必要があり，このような意味で多文化教育の視点を手がかりに，現代の日本の学校現場で起きていることを検証することは意義のあることである。

以上のような議論を踏まえ，本書のおもなフィールドとなる鶴見総合高校における実践を取り上げる意義を最後に整理しておきたい。

鶴見総合高校は，「在県枠」制度が開始される前より，教員たちの努力によって多くの生徒の受け入れを担ってきたという県内でも先駆的な取り組みを行ってきた高校である。また「在県枠」による入学者のためには，やはり初期的な日本語指導や取り出し授業も毎年欠かすことができない。カリキュラムや指導という面では総合学科としての利点をどう生かすか，そして地域社会との関係では「鶴見」らしさをどう反映させ，外部協力者との連携をはかるかという課題も抱えている。一方同校に限らず学力問題のほか，家庭的・経済的な背景，身体的・精神的障がい，性的指向性など，近年は日本人生徒も多様化が進んでいることも事実である。こうした日本社会の実情を踏まえた多文化教育の理論化や一般化，教育方法論についての研究は十分可能で，さらには他地域での実践例の共有など，今後も発展の余地は少なくない。これらの視点を踏まえながら，次章以降では外国につながる生徒に対する具体的な取り組みについて見ていくことにする。

〔執筆分担；はじめに，２.，３.(2)，おわりに：坪谷　１.３.(1)：小林〕

引用文献

Banks, J.A. and Cherry A. McGEE Banks eds., 1995 *Handbook of Research on Multicultural Education*, New York: Simon & Schuster Macmillan.

バンクス，J.A. 1999 平沢安政訳『入門多文化教育――新しい時代の学校づくり』明石書店.

米国大使館レファランス資料室 2008『米国の歴史と民主主義の基本文書』.

バトラー後藤裕子 2009「日本語学習児童生徒教育への提案――アメリカ合衆国の経験を踏まえて」『母語・継承語・バイリンガル教育（MHB）研究会紀要』5, pp.1-21.

California Department of Education, 1999 *Educating English learners for the twenty-first century*. Sacramento, CA: California Department of Education.

Freeman, D. and Freeman, Y., 2001 *Between worlds: access to second language acquisition*. Portsmouth, NH: Heinemann.

グラント，C.A., ビリング，G.L. 編著 2002 中島智子・太田晴雄・倉石一郎監訳『多文化教育事典』明石書店.

広崎純子 2001「都立高校におけるニューカマーの生徒への対応」『早稲田大学大学院教育学研究科紀要 別冊』9 (2), pp. 35-45.

広崎純子 2007「進学多様校における中国系ニューカマー生徒の進路意識と進路選択――支援活動の取り組みを通じての変容過程」『教育社会学研究』80, pp.227-245.

今井貴代子 2008「〈今－ここ〉から描かれる将来」志水宏吉編『高校を生きるニューカマー』明石書店，pp. 182-200.

乾美紀 2008「高校進学と入試」志水宏吉編『高校を生きるニューカマー』明石書店, pp. 29-43.

加藤恵美・宮島喬 2005「ニューカマー外国人の教育機会と高校進学――東海地方A中学校の〈外国人指導〉の観察にもとづいて」『応用社会学研究』47, pp.1-12.

宮島喬・太田晴雄編 2005『外国人の子どもと日本の教育――不就学問題と多文化共生の課題』東京大学出版会.

中島智子 1998「多文化教育研究の視点」中島智子編著『多文化教育――多様性のための教育学』明石書店，pp.13-31.

太田晴雄 2000『ニューカマーの子どもと日本の学校』国際書院.

クォールズ，B. 1994 明石紀雄ほか訳『アメリカ黒人の歴史』明石書店.

志水宏吉編 2008『高校を生きるニューカマー――大阪府立高校に見る教育支援』明石書店.

新保真紀子 2008「校内サポート体制」志水宏吉編『高校を生きるニューカマー』明石書店，pp. 90-102.

田房由起子 2005「子どもたちの教育におけるモデルの不在――ベトナム出身者を中心に」宮島喬・太田晴雄編『外国人の子どもと日本の教育』東京大学出版会, pp. 155-169.

坪谷美欧子 2007「外国人の子どもたちの進学と将来像――郊外団地におけるサポート・ネットワークの視点から」『外国人児童・生徒の就学問題の家族的背景と就学支援ネットワークの研究』科学研究費研究成果報告書，pp.45-59.

恒吉僚子 1996「多文化共存時代の日本の学校文化」堀尾輝久他編『学校文化という磁場』柏書房，pp.215-240.
山崎香織 2005a「ニューカマー高校生の進路意識に関する一考察――「準拠集団」に注目して」『名古屋大学大学院教育発達科学研究科紀要, 教育科学』52 (2),pp. 57-67.
山崎香織 2005b「新来外国人生徒と進路指導――〈加熱〉と〈冷却〉の機能に注目して」『異文化間教育』21，pp. 5-18.
山崎香織 2009「〈移動〉時代のキャリア教育――ニューカマー高校生の事例」『異文化間教育』30, pp.91-103.
油井大三郎 1999「いま，なぜ多文化主義なのか」油井大三郎・遠藤泰生編『多文化主義のアメリカ』東京大学出版会.
横浜市鶴見区ホームページ〈http://www.city.yokohama.lg.jp/tsurumi/etc/exchange/ アクセス日：2013 年 2 月 20 日〉.
趙衛国 2010『中国系ニューカマー高校生の異文化適応――文化的アイデンティティ形成との関連から』御茶ノ水書房.

第1章　外国につながる生徒への支援体制
――制度・組織面から

（木谷　美佐子）

はじめに

鶴見総合高校において，現在，外国につながりのある生徒の支援の中心的な役割を担っているのは，「外国人生徒支援担当」である。外国につながりのある生徒に関する支援，外部との連絡調整等を行う。名称やメンバー構成の変更はあったが，開校年度からこれらの業務を行う組織は発足しており，さまざまな教職員がその業務を通じて生徒たちの支援を行ってきた。現在は，各年次とキャリア形成支援グループ，生活支援グループからそれぞれ1名，事務局として活動支援グループより2名（総括教諭を含む）の7名で構成されている。

本校における支援体制の概要は，以下の通りである。

1．外国につながりのある生徒の状況把握

(1)「公文書記載用カード」による国籍等の把握

入学してきた生徒の状況を正確に把握し指導するために，「公文書記載用カード」を作成している。本来，このカードは，学校で作成する文書に正しい記載が行われるように作られたものであるが，そこで国籍や海外での生活経験などを記載してもらうことによって，入学後の生徒の状況把握に大きく寄与している。

記載項目は，「名前」「読み方」「あれば通称名」「国籍（2つ記入可）」「海

図1　鶴見総合高校における外国につながりのある生徒への支援体制

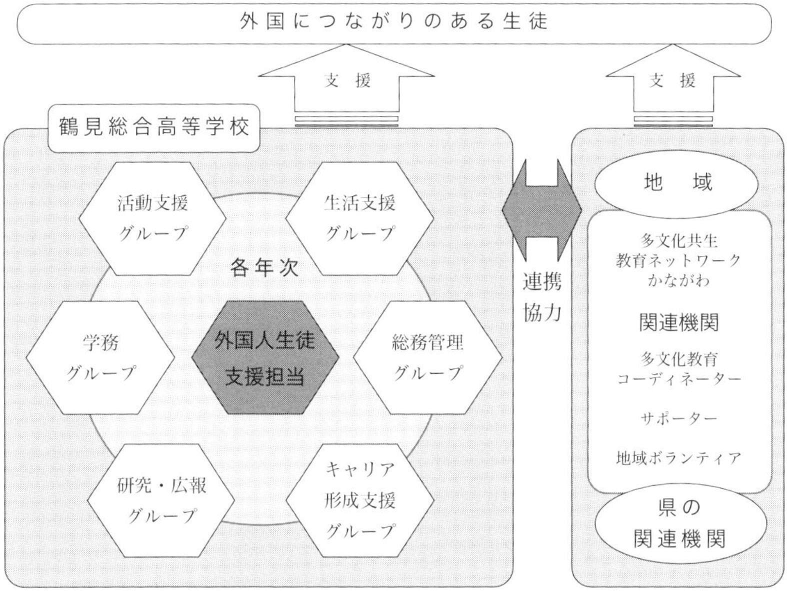

図2　公文書記載用カード

受検番号(　　　　)　　**公文書記載用カード**

(　年　組　番)(　年　組　番)(　年　組　番)(　年　組　番)(　年　組　番)

①	ふりがな		
	生徒の名前		通称名がある場合 [　　　]
②	生年月日	年　月　日生まれ	
③	現住所	区	
④	出身中学校	立　中学校　年　月卒業	
⑤	国籍		
⑥	海外での生活経験	ある・ない	
		ある場合　1. 国名（　　） 2. 来日時期（　年　月） 3. 来日時の年齢（　歳） 4. 来日時の編入学年（小学校・中学校　学年に編入）	
⑦	ふりがな		
	保護者の名前		
⑧	保護者の住所		
⑨	*日本語を母語としない保護者の記入欄	Q1. 日本語を母語としない保護者の名前（　　）・（　　） Q2. その保護者の母語は何語ですか？（　　語）・（　　語） Q3. 面談の時、通訳は必要ですか（必要・いらない） Q4. 文書の翻訳は必要ですか？（必要・ふりがなは必要・いらない）	
⑩	備考（その他の要望）		

外での生活経験（国名・来日時期・来日時の年齢・編入学年）」「日本語を母語としない保護者への質問（保護者の名前・保護者の母語・面談の通訳は必要か・文書の翻訳は必要か・その他学校への要望）」などである。入学手続きの際に新入生全員に提出してもらい，「日本語力調査」対象者の抽出の資料ともなる。

⑵「日本語力調査」による日本語能力の把握

合格者説明会の後に，生徒の日本語習得状況（語彙，文法などそれぞれの分野のレベル）を計るために「日本語力調査」を行い，個別支援授業の要否や，クラス編成の資料として活用している。

⑶「聞き取り調査」の実施

母語の通訳をともなって，多文化教育コーディネーターによる本人の来日の経緯や現在の状況などの聞き取りを行っている。現在は新入生を対象に前期に集中して行い，できるだけすみやかに担任らとの情報の共有を行うようにしている。

２．学習支援

⑴本校における日本語を母語としない生徒の科目選択

本校では，次にあげるように「個別支援授業」，「日本語」の授業，「母語保障」の科目を設置している。これらの科目を選択やクラス編成に関しては基本的に次頁の図のような考え方で行っている。

⑵個別支援授業

各科目の教科書をベースに，やさしい日本語を用いて少人数でわかりやすい内容の授業を行っている。開校時は国語科，地歴・公民科を中心に展開してきたが，2008年度からは「保健」でも開講した。2012年度からは「家庭基礎」においてTT（チームティーチング）の形態を導入した。また，2008年度には「総合的な学習」の時間にあたる「未来探索Ⅱ」でも個別支援授業を行った。

図３　各年次の科目選択

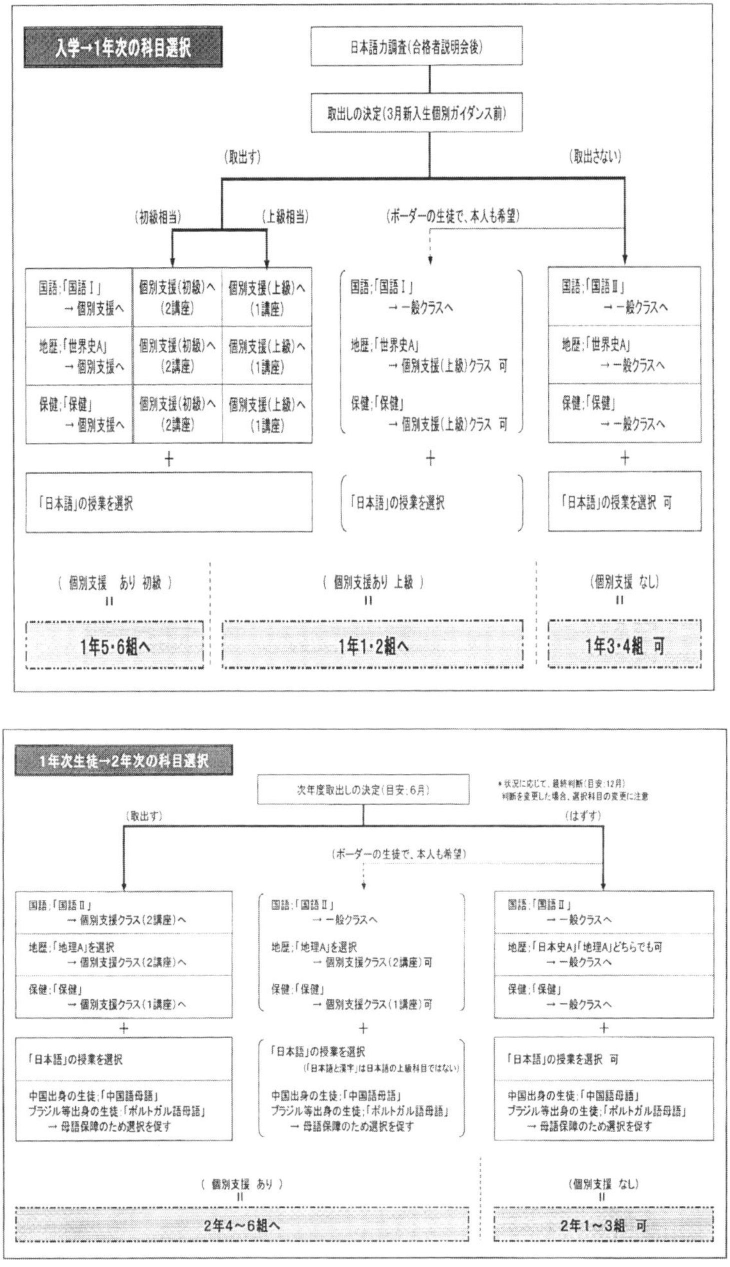
入学→1年次の科目選択
日本語力調査(合格者説明会後)
取出しの決定(3月新入生個別ガイダンス前)
(取出す)
(取出さない)
(初級相当)
(上級相当)
(ボーダーの生徒で、本人も希望)
国語;「国語Ⅰ」
→個別支援へ
個別支援(初級)へ
(2講座)
個別支援(上級)へ
(1講座)
地歴;「世界史A」
→個別支援へ
個別支援(初級)へ
(2講座)
個別支援(上級)へ
(1講座)
保健;「保健」
→個別支援へ
個別支援(初級)へ
(2講座)
個別支援(上級)へ
(1講座)
国語;「国語Ⅰ」
→一般クラスへ
地歴;「世界史A」
→個別支援(上級)クラス 可
保健;「保健」
→個別支援(上級)クラス 可
国語;「国語Ⅱ」
→一般クラスへ
地歴;「世界史A」
→一般クラスへ
保健;「保健」
→一般クラスへ
+
「日本語」の授業を選択
「日本語」の授業を選択
「日本語」の授業を選択 可
(個別支援 あり 初級)
||
1年5･6組へ
(個別支援あり 上級)
||
1年1･2組へ
(個別支援 なし)
||
1年3･4組 可
1年次生徒→2年次の科目選択
次年度取出しの決定(目安;6月)
＊状況に応じて、最終判断(目安;12月)
判断を変更した場合、選択科目の変更に注意
(取出す)
(はずす)
(ボーダーの生徒で、本人も希望)
国語;「国語Ⅱ」
→個別支援クラス(2講座)へ
地歴;「地理A」を選択
→個別支援クラス(2講座)へ
保健;「保健」
→個別支援クラス(1講座)へ
国語;「国語Ⅱ」
→一般クラスへ
地歴;「地理A」を選択
→個別支援クラス(2講座)可
保健;「保健」
→個別支援クラス(1講座)可
国語;「国語Ⅱ」
→一般クラスへ
地歴;「日本史A」「地理A」どちらでも可
→一般クラスへ
保健;「保健」
→一般クラスへ
+
「日本語」の授業を選択
中国出身の生徒;「中国語母語」
ブラジル等出身の生徒;「ポルトガル語母語」
→母語保障のため選択を促す
「日本語」の授業を選択
(「日本語と漢字」は日本語の上級科目ではない)
中国出身の生徒;「中国語母語」
ブラジル等出身の生徒;「ポルトガル語母語」
→母語保障のため選択を促す
「日本語」の授業を選択 可
中国出身の生徒;「中国語母語」
ブラジル等出身の生徒;「ポルトガル語母語」
→母語保障のため選択を促す
(個別支援 あり)
||
2年4～6組へ
(個別支援 なし)
||
2年1～3組 可

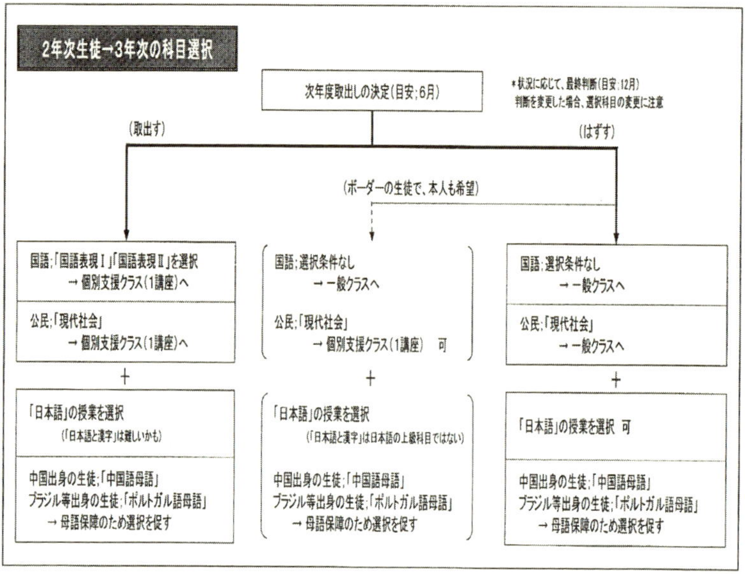
2年次生徒→3年次の科目選択
次年度取出しの決定（目安；6月）
＊状況に応じて、最終判断（目安；12月）
判断を変更した場合、選択科目の変更に注意
（取出す）
（はずす）
（ボーダーの生徒で、本人も希望）
国語；「国語表現Ⅰ」「国語表現Ⅱ」を選択
→個別支援クラス（1講座）へ
公民；「現代社会」
→個別支援クラス（1講座）へ
＋
「日本語」の授業を選択
（「日本語と漢字」は難しいかも）
中国出身の生徒；「中国語母語」
ブラジル等出身の生徒；「ポルトガル語母語」
→母語保障のため選択を促す
国語；選択条件なし
→一般クラスへ
公民；「現代社会」
→個別支援クラス（1講座）　可
＋
「日本語」の授業を選択
（「日本語と漢字」は日本語の上級科目ではない）
中国出身の生徒；「中国語母語」
ブラジル等出身の生徒；「ポルトガル語母語」
→母語保障のため選択を促す
国語；選択条件なし
→一般クラスへ
公民；「現代社会」
→一般クラスへ
＋
「日本語」の授業を選択　可
中国出身の生徒；「中国語母語」
ブラジル等出身の生徒；「ポルトガル語母語」
→母語保障のため選択を促す

＊本校では，２年次から３年次でのクラス替えを行っていない。
＊「日本語」「中国語母語」「ポルトガル語母語」は，在学中何度でも選択できる。
＊本人の進路希望などの関係で「日本語」が選択できない場合などは，個別に相談して決定する。

図４　2012 年度の開講科目（クラス）

教　科	科　目	1 年次	2 年次	3 年次
国　語	国語総合・現代文・国語表現	3	2	1
地歴・公民	世界史Ａ・地理Ａ・現代社会	3	2	1
保健体育	保健	3	1	－

⑶「日本語」の授業

日本語の習得のため，上・中・初級（２クラス）に分けて展開している。2009 年度から，サポーターによる支援を行っており，2012 年度からは初級の２クラスを TT で行っている。国際文化系列の教職員が担当している。

⑷母語保障

「ポルトガル語（母語）」「中国語（母語）」を母語保障科目として設置し，ネイティブの非常勤の教職員が担当している。母語を保持し母語能力を高めることは，生徒自身の自尊感情を高め，家庭内のコミュニケーションを円滑にする。さらに日本語学習においても効果的である。

⑸学習サポート

週1回放課後と試験前に実施している。通常の授業の補習や日本語の学習，進路希望に応じた補習などを，大学生・社会人ボランティア，サポーター，本校非常勤職員，本校教職員が行っている。これは，開校当時からの取り組みであるが，2006年度より週1回の定期的な

実施となり，さらに2007年度より定期試験前の土曜日の午前中（各2回）にも実施するようになった。参加生徒の数には波があるが，学習の習慣をつける機会になるとともに，年次の異なる生徒たちの進路などの情報を交換する場にもなっている。また，2010年度からは，定期試験中に総合実習室を自習室として開放している。

⑹キーワード母語訳

各科目の重要語句やわかりにくい言葉を日本語の読み・英語・中国語・スペイン語・ポルトガル語に訳した単語集のようなものである。開校当時から少しずつ作成している。「保健」「世界史」などについて作成しており，現在も「家庭基礎」などの科目で作成途中である。

3．進路支援

2年次，3・4年次の年次の教職員をとおして，生徒たちへの情報提供を行っている。各年次の教職員へは，「在留資格と就業（家族滞在と永住・定住の違い，在留資格と進路指導での留意点についてなど）について」や「奨学金の申請資格」などについて本校での事例などを交えながら年次会の時間などに研修という形で情報共有をはかっている。

4．家庭・保護者への支援

⑴配付文書へのルビふり

本校からの保護者宛の配付文書については，その内容を保護者に理解してもらうためにすべてルビ（ふりがな）版を作成している。

⑵通　訳

県立高等学校等通訳支援事業の予算などを用いて，三者面談，保護者面談，入学者選抜説明会（在県外国人等特別募集），合格者説明会，新入生個別ガイダンスなどさまざまな場面で通訳の依頼を行っている。とくに日本語を母語としない保護者に重要な内容や細かい情報を正確に伝えるためには，母語による通訳は必要不可欠である。本校では，多くの地域の通訳ボランティア，母語話者の協力によって実施が可能となっている。

⑶翻　訳

本校では，日本語を母語としない生徒・保護者に必要となる文書について翻訳を行っている。健康診断関連の文書や「新入生のしおり（学則などのルール部分）」の翻訳版などが，その例としてあげられる。「新入生のしおり」には，本校での学校生活を送る上で重要なルールが集約されているので，日本の学校制度や本校のルールを生徒のみならず保護者にも理解してもらうためには，ルビ版や翻訳版の必要度は高い。2008 年度より翻訳版の作成を始め，中国語，タガログ語，ポルトガル語，スペイン語，韓国語

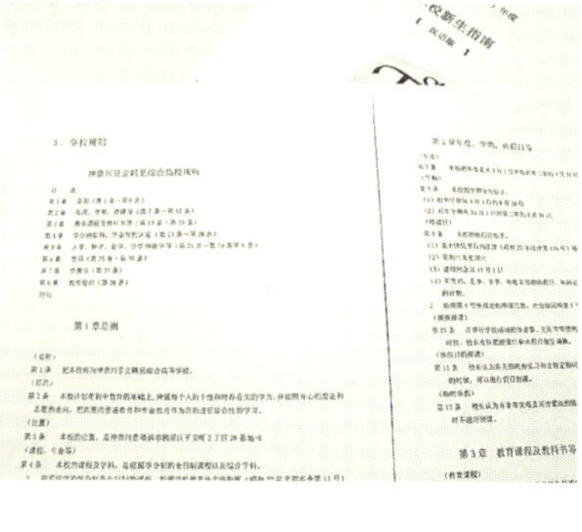

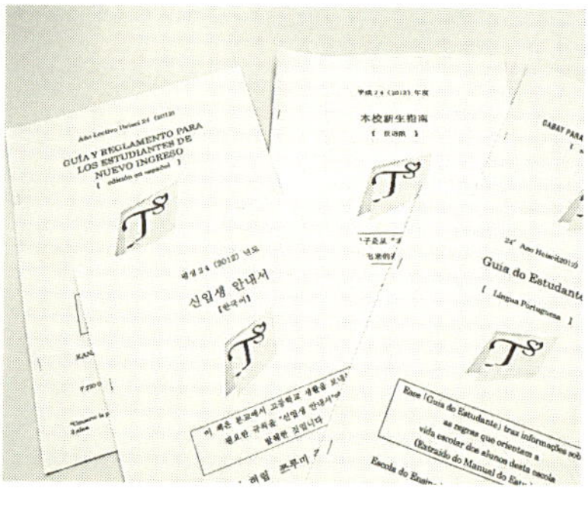

版を作成した。その内容の改訂にともない，随時翻訳版の改訂も行っている。

5．多文化共生教育推進

⑴多文化交流委員会の活動への支援

多文化交流委員会は，2006年度に，生徒会の各種委員会として外国につながりのある生徒と日本人生徒が共に理解しあう場として設置されたものである。校内での活動の他，校外のイベントにも積極的に参加している。

2006年度	・ニュース発行 ・翔麗祭（本校文化祭）において中国・フィリピン・ブラジル料理販売 ・鶴見国際交流祭りにスタッフとして参加
2007年度	①翔麗祭（本校文化祭）に参加　（「各国の文化比較を展示発表」「しゃべり場」「世界の遊び場」を企画・実施） ②夏季公開講座「交流会」に参加　（「世界の遊び」を披露） ③「あーすフェスタ」に参加　（「世界の遊び場」を企画・実施） ④「イアペまつり」に参加　（司会や各コーナーを担当） ⑤本校での「日韓文化交流会」の運営　（司会その他を担当） ⑥「オルタボイスフェスタ」に参加　（スタッフを担当）
2008年度	①②③④⑥の活動は昨年とほぼ同じ ⑦「オルタボイス交流会（春）」に参加 ⑧「オルタボイス・キャンプ」に参加
2009年度	①②③⑥⑦⑧の活動は，昨年とほぼ同じ
2010年度	①②③⑦⑧の活動は，昨年とほぼ同じ　（⑥は参加予定だったが，中止となった）
2011年度	①③⑥⑦⑧の活動は、昨年とほぼ同じ 第1回「鶴総の多文化」紹介イベント実施

⑵学校行事・授業・部活動を通じた取り組み

総合学科である本校では，国際文化系列の授業に「多文化交流体験」「国際理解入門」などの科目を設け，フィールドワークや外部講師を招いての授業など特色的な授業を行っている。「多文化交流体験」の授業で中国・フィリピン出身の生徒が教員のアシスタントとして講師役を務め，出身国の文化や歴史などについて発表を行ったこともある。学校行事では，毎年翔麗祭（文化祭）に多文化交流委員会が参加している。2007 年の「イアペまつり」にはダンス部の生徒も参加し，ダンスを披露してイベントを盛り上げた。

2011 年には，1 年次の多文化交流委員の生徒を中心に「第 1 回『鶴総の多文化』紹介イベント」を実施した。多文化交流委員会の概要・委員の紹介の他，パワーポイントによる外国につながりのある生徒の紹介（名前，出身地の食べ物で好きなものや自慢できること，この学校でやりたいと思っていること，マイブームなど）を他己紹介という形式で行った。

6．教職員等への研修

⑴教職員研修会

本校では，毎年 1 ～ 3 回の教職員を対象とした研修を行っている。外部講師（関連施設職員，大学教職員，いのちの電話相談員，人権関連団体の方など）を迎えて「外国につながりのある生徒を取り巻く現状」などについて講演をいただくほか，「本校の外国につながりのある生徒についての情報交換」など行っている。また，本校の現状や法律・制度の理解のために，次頁のような形で教職員の打合せ（年次会）などを通じて情報提供も行っている。

2010 年度には，文部科学省・神奈川県「人権教育研究指定校」，2011 年度には，神奈川県「人権教育研究校」の指定を受け，県内外の先進校や関連施設，各種研修会・研究大会などに参加するとともに，教職員対象の研修会も拡充して実施した。

⑵ＰＴＡ研修会

前述の研究校指定をきっかけに，2010 年度・2011 年度には，「PTA 人権研修会」を実施した。2010 年度は，言葉を用いないコミュニケーション

対　象	おもな内容など
新・転任者	本校の現状について（本校の外国につながりのある生徒の状況） 外国につながりのある生徒への支援の概要（個別支援授業実施科目，クラス分けなど） 個別支援授業を実施していない科目での留意点（ルビふりなど）
1年次教職員	外国につながりのある生徒への支援の概要の確認（保護者との面談での通訳依頼，学習サポートなど） 外国籍生徒の法的な手続き（外国人登録と外国人登録証（在留カード）携帯義務・紛失時の対応・在留延長申請など）
2・3年次教職員	在留資格と就業について（家族滞在と永住・定住の違い，在留資格と進路指導での留意点など） 外国につながりのある生徒の進学と奨学金制度について（奨学金の申請資格など）

の難しさや外国につながりのある人が日常的に感じる困り感の体験を中心に参加体験型研修を行い，2011年度には，生徒対象の人権講演会の内容を紹介しながら「今起こっていることについて自分はどう感じるか」ということについて考える研修を行った。また，PTA成人委員会主催で「ネパール料理教室」なども行われ，講師となった本校の外国につながりのある生徒の保護者と参加者の交流を深めることができた。

⑶外国につながりのある新入生の保護者懇談会

2010年度から，合格者説明会後に「日本語力調査」を生徒が受けている時間帯と並行して，保護者の方には，入学後の高校生活についての懇談会を行っている。互いの顔を見えるようコの字型に机を配置し，活発に質問や意見交換が行われている。入学後は，高校では保護者が来校する機会が少ないため貴重な機会である。

7．地域社会との連携

⑴校内外の説明会などでの発表の場の提供

日本語を母語としない人たちのための高校進学ガイダンスでは，本校の外国につながりのある生徒が他校の生徒とともに全体会において体験談を発表し，その後に行われた本校の個別相談コーナーでは，本校の教職員の説明や相談者の質問を母語（中国語，タガログ語，英語，スペイン語，ポルトガル語）

で通訳した。

また，本校の在県外国人等特別募集対象の学校説明会では，中国語とその他の言語の2ヵ所の会場で，本校の外国につながりのある生徒が母語を交えて体験談を発表している。

⑵フレンドリー・チャット（LUCERO）——外国につながりのある生徒交流会

フレンドリー・チャット（LUCERO）とは，2008年度に始まった本校の卒業生や外国につながりのあるサポーターの大学生を交え，フリートークを行うしゃべり場のことである。LUCEROとはスペイン語で，「大きく輝く星」という意味である。アイスブレーキングに始まり，趣味や自分のルーツのこと，進路のことなどを自由に語り合っている。外国につながりのある大学生からは，進学の意味や高校での勉強の重要性など，高校生に対して率直でやや厳しい意見も出されたりすることもあるが，自分たちと似た境遇を克服してきた「先輩」という意識からか，参加した生徒は非常に真剣に聞き入り，毎回活発に質問したり意見交換を行う姿が見られる。

⑶その他の取り組み

2008年には，横浜市立大学の「多文化社会と異文化理解」の授業でゲストスピーカー役を務めた。大学生との交流を深めるとともに，大学生活を肌で感じることで生徒たちにとっても自らの進路を考えるきっかけとなった。

2009年には，中国高校生訪日団第4陣学校交流プログラムにて，本校で中国の高校生を1日受け入れた。その際，中国出身の生徒が昼食時以降，ホスト役として校内の案内，体験授業や部活動の交流における通訳などを行い，交流を深めるとともにプログラムのスムーズな進行に大きく貢献した。また，2012年には日本高校生訪中団第4陣として，本校生徒2名が中国を訪問した。

8．その他

⑴「鶴見総合高等学校　多文化共生教育指針
——外国につながりのある生徒の支援のために」の策定

本校の外国につながりのある生徒に関する教育指針を策定しようという取り組みは，5年程前に始まった。本校多文化教育コーディネーターの助言を受け，当時の外国人生徒支援担当の教職員の手で本指針のたたき台となる案が作られた。先進校や先進地域の教育指針を収集する一方で，これ以降は，それらを参考に草案の改訂作業が少しずつ進められた。

2010年度には，「人権教育研究指定校」としての研究の一環として先進校・関連施設への訪問，研修会への参加，そして各方面の方々の講演・助言などを通じて研究が進められた。そして，2011年度は，これまでにつくられてきた案を土台に具体的な文言等についての協議を重ね，年度末に「鶴見総合高等学校　多文化共生教育指針——外国につながりのある生徒の支援のために」の策定に至った。

⑵安山デザイン文化高等学校との姉妹校協定

本校は，2012年1月6日，安山デザイン文化高等学校（大韓民国安山市）との間に姉妹校に関する協定を結んだ。協定書については，研修旅行で訪問した際に交換した。従来から本校と安山デザイン文化高等学校（旧校名；安山女子情報高等学校）は，相互に学校訪問及び学校交流を行っていた実績がある。

第2章　生徒の想いや背景の把握と進路支援

（笹尾　裕一）

1．生徒の想いや背景の把握

外国につながる生徒たちが将来の進路を選択しようとするとき，この社会に存在するさまざまな壁に直面しなければならない。そして，各生徒の持っている進路への想いや背景はそれぞれ異なっている。その想いや背景により，彼らの対峙する壁も異なる。学校が彼らの進路支援をする際，各生徒の進路希望実現に向けて，その想いとともに，国籍・在留資格・母語と日本語の習得状況・来日経緯・家庭環境など生徒の背景を把握しておくことが必要となる。

このために，鶴見総合高校では入学が決まった当初から，各生徒の背景把握の取組みを始め，入学後は，日常の学校生活のさまざまな関わりのなかで，その取組みを継続し彼らの想いをも把握できるよう努めている。以下に把握のためのおもな取り組みや把握できる機会を挙げる。

①公文書記載用カード～入学者全員から回収
②日本語力調査～合格者説明会後
③新入生個別ガイダンス～入学前3月下旬＋（通訳）
④担任との個人面談～1・2・3・4年次
⑤聞き取り調査（生徒・多文化教育コーディネーター）＋（通訳）～1年次
⑥三者面談（生徒・保護者・担任）＋（通訳）～1・2・3・4年次
⑦授業（とくに「個別支援授業」・「中国語」・「ポルトガル語」の講師）
⑧キャリア形成支援担当者等との面談や面接練習～3・4年次

⑨保健室・教育相談（養護教諭・カウンセラー）

⑩学習サポート（地域や大学生ボランティア）

⑪委員会活動……「多文化交流委員会」

⑫クラブ活動

⑬地域の中学校・NPOやボランティア団体との連携

生徒たちを把握するためには（日本の生徒たちも同じだが）学校のなかにさまざまな回路が存在していなければならない。①②のようなシステム化されたカード等による情報収集を基に，③以降の生徒と個別に接するさまざまな機会をとらえて，一人一人の生徒に向きあっていくことが必要とされている。

担任や進路担当による把握だけでなく，母語授業のネイティブの講師や個別対応授業の講師，母語の通訳，多文化教育コーディネーターや地域のボランティア，彼らにかかわるさまざまな立場の方から伝わる彼らの想いや背景が，生徒を支援する貴重な礎となっている。

2．差別の壁

外国につながる生徒たちのほとんどは，将来日本で就職することに不安を感じているのではないだろうか。それは，これまでに日本社会で差別やいじめに直面してきたからと思われる。不況のなか，親やきょうだいは，真っ先に派遣切りを受け，再就職に苦労している。生徒自身もなかなかアルバイトに採用されなかったり，アルバイト先で身につける名札を日本名にさせられたりといった差別を受けてきている。

この差別の壁を前に，3年夏の就職活動が始まっても，学校の指導にのってこない生徒がいる。どうしてかと聞くと，就職希望だが学校を通さず知り合いの工場に勤める，というのだ。縁故なら採用拒否にあうことはない。こうして，親と同じ，低賃金・長時間労働の生活に入っていく生徒もいる。

一方，前年に同じ国出身の先輩が学校の紹介で就職して元気に働いていることを知り，学校をとおしての就職活動にのってきた生徒もいた。この生徒は，母語を会社が評価してくれて，合格することができた。このように，就職できる実績を積んでいくことが重要だと感じている。

3．国籍条項の壁

外国につながる生徒にとって，公務員の採用試験の国籍条項が大きな壁となっている。日本国籍がないと，ほとんどの国家公務員にはなれない。また，地方公務員一般職でも，任用制限つきで，国籍条項を撤廃しているのは神奈川県を含めてまだ一部の府県に限られている。そして，彼らが子どものころから夢見ていたかもしれない警察官・消防士などになるには，国籍条項が壁となっているのが現状だ。

一方，教員になることは可能である。しかし，外国籍の者には常勤講師採用という制限がかけられている。

本校の外国につながる生徒で，高校在学中に地方公務員を受験した例はないと思われる。とくに来日してすぐ高校に入学した生徒たちにとって，公務員試験を突破する力をつけることは大変難しい。しかし，大学・短大に進学して，公務員採用試験を受けることを希望する生徒はこれまでも存在した。フィリピン出身で，短大を卒業して英語の教員になることを志望した生徒。また，中国出身で，日本国籍を取得して大学卒業後に警察官になりたいと希望した生徒もいた。

彼らから学んだことは，国籍条項という現実の壁を直視し，残された進路の道にチャレンジしていく前向きな姿勢であった。

4．在留資格「家族滞在」の壁

(1)就　職

在留資格により進路が狭められている生徒がいる。在留資格「家族滞在」の生徒は，高校卒業後，正社員として就職できない。「家族滞在」は就労できない在留資格であり，1週間に28時間以内のアルバイトとしてしか働けないからだ。このため「家族滞在」の生徒は，そのままでは卒業年次に始まる就職活動に参加することができない。

そこで，もし可能ならば，家族全員で「定住者」「永住者」の在留資格に変更することを勧める。「永住者」は親が来日10年以上,「定住者」は親が来日10年未満をめどにしている。高校在学中に在留資格が変更できると，高卒後の就職が可能となる。

しかし，親の滞日期間が短く在留資格の変更がすぐには難しい場合は，高卒後進学して在学期間中に在留資格の変更を目指す，あるいは高卒後アルバイトでつないでその間に在留資格の変更を目指すこととなる。いずれにしても在留資格の変更には不確定要素が多く，本人にとって厳しい進路選択となる。そして，この変更申請には専門家の助言が必要であり，専門の弁護士等と家族との相談が必要である。校外の力を借りなければならない。

本校は横浜中華街も近く，中華街で調理人として働く親を持つ「家族滞在」の生徒も多数在籍している。これまでも，中国料理店で調理の仕事に就くことを希望する「家族滞在」の生徒がいた。ある生徒は，高卒後アルバイトを続けて在留資格の変更を目指す選択をした。また，帰国して調理人としての資格を母国で取り，再来日を目指す生徒もいた。

一方，高校卒業後，大学・短大に進学した場合は，生徒自身の在留資格を変更して就労することもできる。大学・短大卒業の見込みがたち，在留資格「人文知識・国際業務」等に変更できる職種で企業に内定または公務員試験に合格すれば，就労できる。

ただし，専門学校を卒業しても，一部の「専門士」しか就労できない。本校で希望者の多い調理師・美容師・保育士などは，国家資格を取得しても「家族滞在」のままでは正社員となれない。なんとも理不尽なことだが，生徒の相談を受けるまで，私たち教員もその事実を知らなかった。

⑵進　学

「家族滞在」の生徒は，学費の確保にハンデを負わされる。学生の多くが利用している「日本学生支援機構の奨学金」を受けることができないのだ。奨学金といっても，あくまで貸与である。しかし，大学・短大・専門学校入学後，第一種＝無利子（月額54,000円）・第二種＝有利子（月額120,000円迄）が借りられる。基本的に卒業後，長期間で返済するため，返済の負担は少ない。この奨学金が利用できないことは，経済的に厳しい状況にある外国につながる生徒にとって，進学の大きな壁となる。

前述したように，高校在学中に在留資格の変更ができれば，この奨学金を受給することは可能だ。しかし，その可能性がない生徒にとっては，在留資格の条件が進学をあきらめる要因ともなっている。本校で，大学に進学するなら国公立しか行けないと覚悟していた「家族滞在」の生徒がいた。しかし，在学中に家族で「定住者」への資格変更ができたため，この奨学金が受給できることになり，私立大学も受験できることになった。これは，本校で初めての事例である。

もう1つ奨学金制度としてよく利用されるものに，「国の教育ローン」（日本政策金融公庫からの借り入れ）もある。大学・短大・専門学校入学前に，300万円まで，入学時の費用を借りられる。こちらは「家族滞在」の生徒でも借りることができる。しかし，有利子で，在学期間を含めて15年以内に返済しなければならず，少し返済がきつい。また，入学金などの一時金としてしか使えない。

ある生徒が，短大に合格したのに「あきらめる」といってきたことがあった。家庭の経済状況が悪化して，締め切り直前に入学金が払えなくなったというのだ。早速学校から問い合わせると，「国の教育ローン」は3ヵ月までなら後からさかのぼって給付を受けられるという事が分かった。この生徒は，「国の教育ローン」を前提に親族から入学金を借りて入学することができた。

5．超過滞在の壁

「オーバーステイ（超過滞在）」となり，在留資格のない生徒もいる。在留資格のない生徒は就労できない。また，当局に拘束されれば母国へ退去強制となってしまう。その不安のなか，生徒が進路への見通しを持つことはとても難しい。

ただし「在留特別許可」を取得する方法がある。これは，在留資格を持たない人に対して，法務大臣が人道上の配慮から特別に在留を許可して，合法的に日本に滞在できるようにする制度である。「在留特別許可」を申請して認められれば，就労も進学も可能となる。ただし，この申請も専門家の助言が必要であり，専門の弁護士らと家族との相談が不可欠である。やはりこの問題も校外の力に頼らざるをえない。

本校の卒業生に，南米出身の「オーバーステイ」の生徒がいた。彼は入学してすぐ担任にそのことを話してくれたため，専門の弁護士さんにつなげることができた。その後，「在留特別許可」申請の準備をすすめた。そして卒業後職業技術校で学んで就労することを希望した彼のため，上申書を提出したり署名を集めたりして申請を支援した。だが残念ながらその申請は通らず，生徒は家族で母国に退去強制となった。しかし，そもそも子ども自身に「オーバーステイ」の責任はなく，「子どもの権利条約」からも彼らの学ぶ権利は保障されているはずだ。彼の権利は守れなかったが，他校では「在留特別許可」を認められた生徒も出ている。これは，支援により進路が開かれた希望の事例となっている。

6．母語と日本語習得の問題

生徒が母語をどの程度使えるのか，また日本語をどの程度習得しているのかによって，進路選択に大きな壁となる場合がある。

外国につながる生徒は，一人一人，言語習得のレベルが違う。日本で生まれたか，あるいは何歳の時に渡日したのか（何度も母国と日本を行き来している場合もある）。母国または日本でどのような教育を受けたのか（国・地域によって，家庭の経済状況，学校の種類やボランティア支援の有無によってもさまざまである）。家庭でおもに使用しているのは母語か日本語か。クラスメートとの間で使用しているのは母語か日本語か。放課後は部活に入っているか。アルバイト先は母語が使えるか使えないか。環境によって言語習得のスピードや内容は大きく違ってくる。そして，母語と日本語について，生活言語と学習言語それぞれの習得はどの程度かが問題となる。

日本語で日常会話に不自由していなくても，学校の授業についていけない生徒もいる。生活言語はほぼ習得しても，学習言語を手に入れていないのだ。このような生徒のなかには，学校の授業についていけずに退学してしまう生徒，あるいは運よく推薦などで大学の推薦入試の面接試験に合格しても授業についていけなくて退学してしまう生徒も出ている。

また，日本生まれや幼児期に渡日した生徒も，日本語をきちんと習得しているとは限らない。家庭や地域で母語しか使われていない場合，日本語の習得が不十分で，ほかの学習全般に影響している場合もある。このため成績が伸びず，苦しむ生徒もいる。

一方，入学時は来日間もなく日本語の会話もおぼつかなかったが，短期間のうちに日本語の学習言語を習得し，卒業時には学年トップの成績をとった生徒もいる。母語で充分に学習言語を習得していたため，それを日本語に置き換えて習得していったと思われる。もちろん常に電子辞書を離さず予習復習を続けた本人の努力の賜物ではあるが，必ずしも入学時の日本語力だけで将来を判断できないことを知らされた。

7．家庭環境の問題

(1)渡日の経緯や保護者との関係の問題

本人の希望で来日した生徒は，まずいないのではないだろうか。彼らのほとんどが保護者の都合で渡日している。そして，このまま日本で暮らすのかどうか確信の持てない生徒がいる。また，母国に帰りたい，と思っている生徒もいる。

加えて，生徒と親が，お互いのコミュニケーションに苦しんでいる家庭も少なくない。たとえば，子どもを親戚に預けて親は早くに来日し，10数年ぶりに呼び寄せられて親と再会し暮らし始めた生徒もいる。あるいは，幼少期に渡日したため日本語が中心言語となり，母語で話す親との会話が難しくなった生徒もいる。

また，DV により家庭に居場所をなくした生徒もいた。

こうして，将来の進路を考えるスタートにすら立てない生徒もいる。

そんな彼らにとって，同じ悩みを話せる友は大切な存在だ。同じ学校に仲間がいれば心強いし，学校外の交流会や地域の学習拠点に出かけて仲間や先輩に出会うのも良い機会となる。そして，親との間に，学校を通じて地域の通訳者や母語講師に入ってもらうことが，問題解決の糸口になることもある。学校や地域は，彼らの気持ちを受け止めたり，家庭を支援したりする重要な役割を果たす可能性がある。

⑵経済的な問題

外国につながる生徒の家庭の多くは，経済的に厳しい状況にある。このため，彼らのほとんどは，高校入学直後からアルバイトをして家計を助けている。そんな彼らのなかには，卒業後は就職する選択肢しか残されていない，と考えている生徒も多い。しかも彼らは，就職して生き生きと働いている先輩，モデルとなる存在になかなか出会えていない。

このような生徒のなかには，高校での学びに意味を見いだせなくなり，生活の中心がアルバイトや遊びに移っていく生徒も存在する。こうして欠席がかさみ，単位を落として退学していく生徒もいる。

経済的な問題が，生徒の進路を狭めている。

本校では，高校を卒業して頑張っている先輩に来てもらい，将来のモデルとして進路講演会で話してもらっている。これは，学校を通じて就職し活躍している先輩や，奨学金やアルバイトで学資をまかなって進学している先輩に出会う貴重な機会となっている。

⑶保護者と生徒の進路意識のギャップ

保護者と進路の考え方のギャップに悩む生徒も存在する。とにかく大学進学が大前提で，そのためにも学校の成績が伸びないなら帰国させる，という親もいた。一方，卒業後は就職するのが当たり前で，今すぐ働くのなら高校をやめてもよい，という親もいた。その背景には，国や地域による文化的な考え方の違い，経済的な問題，渡日の経緯などともに，日本社会・教育制度への理解不足などが関わっている。

これらすべての問題に共通するが，母語の通訳や講師の方に入っていただいて生徒・保護者とコミュニケーションをとることが大きな力となる。家庭への支援が，生徒の進路支援にもつながっている。

第3章　インタビュー：外国につながる生徒受け入れの原点

——寛政高校時代における姿勢と経験（元教頭への聞き取りから）

（聞き手：小林宏美、坪谷美欧子）

1．寛政高校に異動するまでの経緯

——寛政高校に至るまでの簡単なご経歴を教えていただけますか。

○梅本　生まれは1949年です。お寺の跡継ぎだったから，そういう勉強をしていましたが，山が好きで，ずっとロッククライマーを目指していました。

1974年のオイルショックで失業して，さてどうしようかと職を転々としているなかで，喫茶店でも経営しようと喫茶店修行をしていましたが，その一方で，山に登る時間がまったくなくなってきて，これではいけない，どうしようかと。

朝8時から夜の8時まで，ずっと喫茶店で働いている状況が続いていたら，知り合いが，学校の教員になると時間がたくさんあるし，休みもたくさんあるから山に登るのにはいいのではないかと。そして教員採用試験を受けたら，たまたま受かってしまいました。神奈川県が「県立高校100校計画」を，ちょうど実施し始めたところだったのです。

——100校計画ですか？

○梅本　1973年に始まったものなんですが，100校をつくるということは，高校生も増えるし，教員も増やさないといけないということで，その100校計画の網に引っ掛かって私でも採用されたという感じで，それが1975年でした。

1975年に採用されて，中央農業高校，川崎北高校から川崎南高校へと。

川崎南高校は，いまは県立川崎高校と合併してなくなっています。それから寛政高校です。

最初に赴任した学校は，本当に驚かされることばかりでした。3 年で川崎北高校へ行きました。川崎北高校に行ったころから，100 校計画によって，高校における学校間格差がものすごく大きくなっていましたね。片や 50 点満点の学力試験で 50 点取る，片やほとんどとれないという状況がありました。私が寛政高校へ転勤したのは 1991 年です。

2．寛政高校時代の状況

○梅本　実際の状況はすごかったです。連日，生徒指導会議です。それが，当時の寛政高校の実態です。

だから，数学なり，英語，理科，社会を意欲的に教えようと思って新採の人が来ても，結局そういうのは，もうそっちのけで生徒指導に関わらなくてはならなくてね。

――地元の鶴見とか川崎辺りで勉強がついていけないような子というのは，複雑な家庭の子も多かったのですか。

○梅本　一概にはいえないですが，（中略）私が最後に持ったクラスは 31 人。母子家庭か，父子家庭か，あるいはどちらもいないか。当然経済的には，なかには恵まれている家もあるが，やはりそうではない子どもが多かった。

私の率直な感想としては，よくもぐれずに，この子たちはここまで生きてきていると。私だったらぐれてしまうと，いつも言っていました。

――進路などはどうでしたか。

○梅本　就職希望が圧倒的に多いですが，やはり就職ができない。いわゆるフリーター，そういうかたちで学校は卒業しても，その後が決まっていない子が多かった。どのぐらいだったか分からないが，進学率は圧倒的に低かったです。

ただ，そのうちに短大や大学が，いわゆる少子化に合わせて推薦入試というかたちで生徒を積極的に採るようになったから，そういうなかで，自分でも大学に行けると頑張った子は，ちらほらと大学や短大に行く。

ただ専門学校にしても，短大にしても，お金がかかるから，学力もさることながら，家の経済的な事情で進学を諦めざるをえなかった子もいましたね。

3．外国籍生徒受け入れの経緯

——外国人生徒受け入れのきっかけについてお聞きしたいのですが。

○梅本　1992 年に沖縄出身の A さんがボリビアから転校してきて，1992 年の 3 月に寛政高校を受検した。もう入試は終わっていたから編入試験です。

——ボリビアで中学を卒業してきたのですか。

○梅本　向こうではもう高校生だったのではなかったかと思います。この子の編入試験では，日本語はそれほど得意ではないが，とくに不合格にする理由はないということで入学したのです。この子はとても優秀でした。日本語はほとんどできず，スペイン語しかできなかったと思います。この子に対応してみて，われわれも何か考えないといけないと思うようになりました。

ふと見たら，B 君という台湾出身の男の子と，C さんというブラジル出身の女の子が，その年の入学試験で合格していました。2 人とも外国籍ですが，一般募集で受けていました。

実際，こちらに準備が全然ないままに受け入れて，では，この子たちに対してどうしようかといっていた翌年，ブラジルから 2 人の女の子が日本に来て，転入試験を受けました。D さん，E さんという姉妹で，この子たちも入学してきたのです。

——日本語は。

○梅本　いや，できない。入れてから教えればよいという。要するに勉強する意欲があれば入れましょうと。日本語ができないのだったら，入れてから教えてあげればいいのではないかという，基本的にそういう発想です。

——では，意欲は日本人の子と比べて伝わってきたということですね。

○梅本　転入試験のときには面接をしますから，意欲さえしっかりしていれば入れましょうという感じです。ところがDさんはともかく，Eさんという子の場合には，じつは3月の段階で，まだ15歳になっていなかった。

いったん入学を許可したけれども，それを指摘されて入学を許可できないということで，1年待ってもらった。その待ってもらう間，放っておくのは，やはりかわいそうだから学校に来させて補習をし始めました。

取りあえず日本語指導に当たってもらった。それがLさんです。

その1993年の入学生に関しては，とにかく外国から来ている子が，転入組はその2人ですけれども，ほかに市内の中学からF君とG君というミャンマー出身の双子の兄弟が受検していて，この子たちが受かっています。

○梅本　2人は一般募集で入っていましたね。この子たちの日本語指導ということも考えました。1992年，1993年は，取りあえずは普通の授業を受けていたと思います。

○梅本　ただDさんは，ものすごく優秀な子でしたし，Aさんもそうでした。寛政高校ができた当初は芸大とかに行った子がいたらしいですけれども，その時代の寛政高校ではめずらしく，1992年にボリビアから転校してきたAさんが桜美林大学に入って，Dさんが上智大学に入った。そのぐらい優秀な子たちでしたから意欲もありました。教室のなかでも日本人に交じって本当によく勉強しました。

1993年にDさんたちが入った年に，近隣の学区内の中学校から，じつは外国から来た子どもたちが，いま小学校や中学校には大勢いるけれども，義務教育を終えた後の進学先がない。自分の進路というものに対して意欲が持てないところで，どうしても非行に走る。だから高校の方で，その辺の道を開いてくれないかという要望がありました。

私が，たまたまその年に教務主任をやっていたということもあって，中学校の会合，国際教室担当者会議に出ました。いまはどこかで校長をしていると思いますが，Rさんが潮田中学校で国際教室を担当していました。

当時の寛政高校の校長さんは，もともとの出身の鶴見に対する思い入れのある人だったので，いま鶴見区はこういう状況ですという話をして，近隣の中学校から，寛政高校でぜひ受け入れてほしい外国籍の生徒たちがいるらしいということを報告して，では受け入れようじゃないかという話になりました。

4．受け入れ体制の整備

○梅本　1994年度入学者の入学試験から，日本語を母語としない外国から来た子たちのための選抜基準を考え出しました。

その子たちは，日本人の小学校，中学校を出た子たちと同じ土俵で競争することはむずかしいので，その子たちが何とか入れる工夫をしようと，その年は私が入選委員長になって，その辺のルールをつくりました。いわゆる県が決めた基準とは別に，学校独自の基準を決めて，それが許されていたと思います。

○梅本　内申書がない子がいる。内申書がない子をどうするか。ない子でも受けられるわけです。たとえば，朝鮮中学から受けた子は家庭科などはない。あるいは，1年，2年，3年と中学校3年生のなかの，ある部分が欠落している子がいる。

○梅本　病気や何かで。そういった子たちに対する対応としてです。そういった子たちが受検したときに，等しく扱わなくてはいけないということで，たとえば，A，B，Cという値が3つそろっているのが完全な資料だとして，「資料欠」といいました。「資料欠の生徒の受け入れ」というのがあったのです。資料欠であるというのを利用したわけです。

不公平なのではという判断も当然あったわけですけれども，外国から来た子に対する特別な配慮がないなかで，高校進学に関していうと，非常に差別的な現状があって，その差別というものが解消されない限り，逆差別があってもいいのではという，こういうのがアファーマティブ・アクション（Affirmative action）というのではというところで理解を求めました。

――ちょうど鶴見で，日系の南米の子がすごく増えてきた時期ですか。

○梅本　そうです。1991年度以降です。

○梅本　『出入国管理及び難民認定法』（入管法）で日系の人たちには特別に滞在許可を与えるという。

――その子たちが，ちょうど中学校とか小学校を終えて数年たった時期ですね。

○梅本　そうです。入学に関していえば，1994 年から資料欠扱いということで，積極的に配慮し始めたということです。その次には，外国から来た子どもたちのための特別枠みたいなものを学校独自に設けていた。ただ，それも一応県のルールがあるから，そこには抵触しないかたちで工夫しました。

資料欠であることを不利に扱わないという部分が有効にはたらけば，外国の子も入学できるということ。外国から来た子どもたちを積極的に受け入れようというところから，入れると同時に，取り出し授業を始めたということです。

——取り出しを始めたのは 1994 年か，もう少し後ですか。

○梅本　1994 年です。タイから来た H さんという子がいて，D さん，E さんがいて，I 君，J 君はその後だ。K 君。3 人だったか，もう 1 人いたような気もするが，取り出しはこの代からです。

——その先生は L 先生ですか。

○梅本　L さんと M さんです。そのときに取り出しの対象となったのは，前の学年の D さんと F 君と G 君。本人たちが希望したので。その次の学年で，I 君，E さん，K さん。

——そのときは，学年ごと，それとも学年に関係なくですか。

○梅本　学年ごとです。一応国語と古典の授業は全部取り出すというかたちで。

取り出しに関しても，学校のなかでは結構いろいろもめて，国語や古典の学習内容を変えてしまっていいのかといわれた。そんなことをいったって，日本語が分からないのだから仕方がないだろうと。

——いまは当然のごとく国語は取り出しを行っています。

○梅本　文科省が決めたカリキュラムがあるから，その学習内容をどうしていくのかということ。その辺で柔軟に受け止めてくれる先生もいれば，非常に硬直してこだわる先生もいたりする。でも数からいけば，みんなそうだと同調してくれて。ある意味で，寛政高校だったからこそできたのだろうと思います。

別に外国から来たからどうのこうのではなくて，日本人の生徒でもそうすべきだというのが私の持論だから，私のなかには外国から来た子たちだからという意識はなくて，当然そうすればいいという発想です。

——三者面談についてですが，当初通訳は付いていましたか。

○梅本　とくに三者面談のときに通訳が必要だという状況はなかった。お父さんたちは2世で。お父さんも，お母さんも日本語が達者でした。

○梅本　必要性を感じてからNさんにお願いして通訳をしていただきました。

5．外国籍生徒の家庭環境

——外国籍生徒の家庭環境はいかがでしょうか。

○梅本　家庭環境もいろいろです。中国人の子たちよりは，南米から来ている子たちの方が恵まれているのでしょうか。中国人の子の場合は，お母さんとお父さんの関係が，お母さんが日本での永住資格を得るために日本人の男性と結婚しているというケースが多い。

○梅本　その2人の関係が壊れてしまうと，子どもの立場がものすごく危うい。そういうケースが多かったです。

——関係がなくなってしまうと帰国をするのですか，それともそのまま日本に滞在するのですか。

○梅本　母親が中国にいる父親から子どもを引き離してしまうというケースが多かったのですが，帰った子もいたし，でもだいたいは日本に残っています。そういうケースが多かった。

——子どもたちは，一応高校は卒業しましたか。

○梅本　卒業はするけれども，やはり精神的に非常に不安定です。

○梅本　1996年は結構多かったのではないか。OさんやPさんたちの時代は。その前の時代も多かった。1996年，1997年は多かったと思います。

6．高校の指導体制

——1990年代について，高校の指導体制として，国語と古典を取り出すというようなかたちで特別な配慮がなされた。社会科が始まったのはその後ですか。

○梅本　社会科は，いつからだったか。とにかく社会科と，家庭科と，保健体育が，やはり言葉が難しいということです。

――現在の状況と同じですね。

○梅本　社会科は，取りあえず社会科の先生の要望もあって取り出しをしていました。

――学習サポートは放課後のサポートもなさっていましたか。

○梅本　最初は，われわれ教員がやろうということでした。ところが，放課後は教員が結構忙しいのと，放課後にやってしまうと，部活動をしている生徒の生活そのものが阻害されてしまうということで，部活動をやりたい子に部活動をやらせるのは当然でしょうということと，われわれ自身も忙しくて，とても時間を取って関わってはいられない。

○梅本　いまは何ていうのか。Q さんはご存じですか。

――はい。

○梅本　R さんや Q さんが中心になって，鶴見に IAPE（外国人児童生徒保護者交流会）というのをつくっていた。私もそこに関わっていましたが，IAPE の活動として，やはり子どもたちとかかわる場が欲しいということもあって，それでは来てくださいということで，放課後，かかわってもらっていました。

学校としては放課後，彼らのいろいろな生活相談とか，就職相談をしてもらっていました。

7．外国籍生徒を受け入れるということ

――いまは結構，日本語の指導のなかで日本語能力試験対策として，サポートを行ったりしていますが，当時そのような指導はありましたか。

○梅本　日本語能力検定試験は，私はあまり重視してはいなかった。それを重視しだしたのは，大学でそういう基準を設けたからでしょう。

○梅本　私は，それはあくまで 1 つの目安であって，むしろ大事なのは，彼らが自分の将来に関して積極的に，こうしたい，ああしたいという意欲を持つことです。むしろ Q さんや大学生のように，大学とはこういうところだと，あるいは大学を卒業したら，こういう道があるということを具

体的に示せる人が必要なのです。

――モデルみたいな。

○梅本　そう。そういう人との関係の方が必要で，そういうものがあれば，おのずと自分の日本語能力も，もう少しレベルアップさせなければいけないとなるのです。

○梅本　日常会話ができればいいというところで止まってしまう子が多い。だからまず覚えるのは，「ため語」。「だせえ」とか，そういう言葉はすぐに覚える。そういう言葉で一応のコミュニケーションできると，あの子たちはこれでいいと止めてしまうのです。それから，低学年で来た子よりも高学年で来た子の方が，高校に入ってきたら伸びる。自分の母語を持っているからです。

――伸びる。ちょっとたどたどしくはありますが。

○梅本　たどたどしいけれども考える力はある。ところが幼稚園や小学校1，2年のときに来た子は，日本の社会にうまく上っ面に適応してしまう。カルプ(CALP)[1]レベルといった。そこまでは行かない。下は何ていったか，忘れてしまった（BICSビックス）[2]。日常の俗なコミュニケーションができればいいというところで止まってしまう。

それを打破するには，やはり勉強すると，自分の将来にこういう展望が開けるのだというのを見せないと。ただ能力試験だけを強いても。

学校のなかにいる子どもたちだって，必ずしも学校文化に適応できる子ばかりではないですから，学校文化に適応できない子と，どう付き合っていくかがものすごく大事なんです。

ましてや外国の子どもたちを受け入れるということは，外国の文化をそのまま引き受けることでもあります。もともと，いろいろな事情を抱えた子たちがいるわけですから，そういった子たちとどういうふうに付き合っていくのか，問題は同じです。

――外国から来る子を引き受けるということは，その子の文化も引き受けるということですけれども，当時の先生方は，どのようなお考えだった

1）CALP（cognitive / academic language proficiency）とは，認知・学力言語能力のことで，読み書き学習に結びつく言語能力のことである。

2）BICS（basic interpersonal communicative skills）とは，伝達言語能力のことで，言語を話すさいに，文脈（コンテクスト）の支えがある場合に働く。

のですか。日本に来たのだから，まず日本語という傾向が見られるように思われますけれども。

○梅本　基本的にはそうです。日本だから日本語が分からないと駄目でしょうと，たぶんそうだったと思います。

ただ，彼らが自分の母国で習得しかけていた言葉を，やはりちゃんと教えていこうという意識を持っている人は何人かいましたが，数的には少なかったです。そこまで余裕がないからいいのではないのと。

○梅本　母語がうまく使えないということは，要するに親と子どもとのコミュニケーションがうまくいかないということです。たとえば寛政高校でいえば，15歳でやってきたDさんとか，Aさんという子たちは義務教育を終えているから，ポルトガル語，スペイン語がきちっとしている。だから家に帰れば，お母さん，お父さんたちと母語でしゃべれますけれども，低学年で来た子たちは，だんだん母語も忘れていって，結局，お母さんとお父さんとのコミュニケーションがうまくいかない。

そこで，やはり鶴見のIAPEのなかでは，子どもと親とのコミュニケーションが，ちゃんとうまくいくところまで考えていかないといけないということで，国際学生会館を借りて，スペイン語教室，ポルトガル語教室という母語教室を行いました。

——それを高校でやってしまおうというのも画期的だと思います。

○梅本　IAPEが先にあって，その影響を受けて，そうですね。高校でも彼らの母語を保障していこうということで，そういう選択科目を用意した。

というのは，今後，彼らが日本にとどまるのか，国に帰るのかが分からなかったから。日本にそのまま定住してしまうのであれば，日本語だけでもいいですけれども，将来的にブラジルなり，ボリビア，アルゼンチンに帰らなければならないとすれば，やはりポルトガル語，スペイン語をきちんと教えておかないといけないでしょうということです。

それは常々Nさんの持論でもありました。では，それを選択科目というかたちで置きましょうと。日本人のなかにもポルトガル語，スペイン語を習いたいという子がいれば，そういった子も受けられるようにしようということで，その後に，初級も設けました。

——何年からか覚えていらっしゃいますか。

○梅本　1995年ですか。全部たどらないと，ちょっと分からないが。

——言葉としてはポルトガル語ですか。

○梅本　最初はポルトガル語だけです。スペイン語はなかったです。

——中国語はどうですか。

○梅本　中国語はSさんがやった。

——生徒側は，僕はブラジル人なのに，何でわざわざポルトガル語を勉強しなければならないのみたいな反発はありましたか。

○梅本　これは希望だから，強制ではなかったから，あくまでも選択科目のなかで取らせたので，そういう反発はなかったです。

——では，割と積極的にする感じでしたか。

○梅本　そうです。ポルトガル語はNさんが担当していたのですが，彼女はパウロ・フレイレ（Paulo Freire）[3]に傾倒しているということもあって，いわゆる識字教育の教え方の原則を，ものすごくきちっと守る人です。やはり発言させる。彼女の教え方を見ていて思ったことは，ブラジルで知的障害者を教える教員のトレーニングを受けてきているし，パウロ・フレイレにも傾倒しているから，知識の量よりもむしろ，自分の言葉で，きちっと自分を表現することを重視するから，授業のなかでものすごく発言させるということです。

日本人の教員と生徒との関係とは違って，ブラジルの教員と生徒との関係での授業の展開だというのは，私は見ていて，ものすごくよかったと思います。生徒に，このことについてあなたはどう思うかと，その思っていることのレベルが低かろうが，高かろうが関係なく，相手に意見をいわせる。意見を交換しながら相手の意識を，どんどん高めていくという教え方をしていました。

——ほかにも選択授業はありましたか。

○梅本　途中から選択科目を大幅に設けるようになりました。高校そのものが質的にどんどん変わっていくなかで，県教委も各学校に，これだけ

3）フレイレはブラジル出身の識字教育の専門家で，彼は教育の本質を抑圧と貧困からの解放と捉えていた。教師と生徒の水平的関係のなかで行われる課題提起教育を提唱し，その思想は途上国だけでなく，先進諸国にも多くの示唆を与えている。

はこの学年で履修しなければいけないというほかに選択幅を設けていいことになったので，そのなかでポルトガル語，中国語を選択科目にしておいたということです。

——母語教育のための授業ということで，N さんと S さんの雇用形態はどのような形をとられていましたか。

○梅本　非常勤講師で，県が採用しています。1 つには，やはり S さんと N さんを，南米から来た子，中国から来た子たちの進路指導，生活指導のために，多目的に確保しておきたいというのが，私としてはあった。つまり日本人の教員では対応できない。家庭がこうだけれどもとか，今後の進路でこう悩んでいるというようなところです。

それはやはり，同じ中国語を話す S さんや，ポルトガル語やスペイン語を話せる N さんでないと話にならないということがある。その 2 人の人材を，タレントを寛政高校なり，鶴見総合高校に固定しておくために，選択科目に入れたというのもあります。

○梅本　だから，単純な母語の保障だけではない。母語の保障のために選択科目にポルトガル語，中国語を設ける。それを理由にして，その 2 人の先生には，日常的に当該生徒たちに関わってもらうという意図がありました。

それを N さんも，S さんもお望みになったので。S さん，N さんたちはお金は要りませんと。子どもたちのために自分たちが役に立てればそれでいいということだったが，それではこちらは済みませんから。身分的にも。

日本語の取り出しも，最初は外国から来た子どもたちのために日本語を教えるというのが第一義の目的でしたけれども，第二義的な目的として，L さんや M さんが，教員が関われない部分までもかかわってくれているところで，その両面から考えて取り出しをしているというのが私の発想です。

○梅本　単に教室で生徒にものを教えるのではなくて，教室の外でどう関わってくれるのかという部分がものすごく大事です。本来はそこまで問題にして教育を議論すべきではないかもしれないですけれども，外国から来た子でも，日本人の生徒でも同じだが，教室の外で，どう付き合ってくれるのか，その部分を見ないと。とくに大変な学校では，なかなかうまく行かない。

違法なものに手を出してしまったT君というのがいますけれども，（中略）その子は学校はやめたものの，Nさんと一緒に，その子を何とか更生させようとした。その子が，「先生，何でそんなに俺のことをいろいろ面倒を見てくれるの？」と言ったけれども，そこまでしないとつぶれてしまう。当時の学校はそういう状況だったのです。

比較的，学力が高く学校文化に適応しやすい子どもたちが多く集まっている学校では，そういうケースは少ない。といっても，まったくないわけではないと思いますが。

私にとってはそういう意味でも取り出し授業は必要だったのです。ただ単純に日本語を教えて検定試験を受からないと駄目といっているだけだったら，私はあまり要らないと思っています。ポルトガル語についても，Nさんに頼った部分がものすごく大きかったです。Sさんにしても。

8．日本人生徒との関わり

――日本人生徒の態度というか，その辺のサポートはどうでしたか。

○梅本　それは多様。たとえば，ブラジルから編入してきたDさんという子がいて，ものすごく自立していてしっかりしていました。この子が卒業時に大学に行きたいと希望して，上智大学に行った子ですけれども，この子がいることによって救われた日本人の子もいるわけです。

日本人は，独特の，何か違うものを排除するような論理がある。もうちょっと大人になってくれば，その辺はぼやかすかもしれませんが，自分たちとは違うということをストレートに表現して孤立してしまう子が日本人のなかにもいました。でもDさんという子がいることによって，クラスメートがその子と付き合える，そういうところで救われた日本人は結構いました。

――日本人の生徒と外国から来た生徒の交友関係はどうでしたか。

○梅本　個人的な好き嫌いはあったでしょうが，全体的には結構うまく付き合っていました。とくに野球部では全員うまく付き合っていました。T君というのが野球部にいたせいもあるでしょうけれども，南米から来た子と野球部は非常に仲が良くて，始終，普段からしゃべっていました。

——先ほど，途中から中国の子が増えてきて，南米の子が減ってきたとおっしゃいましたが，2000 年ぐらいですか。

○梅本　いや，私がいた 2003 年ぐらいまでは南米の子です。中国人は鶴見総合になったころからではないでしょうか。

——それはどうしてでしょうか。

○梅本　中国人の子が入りやすくなった。在県枠ができたことによって，それまで寛政が採っていた資料欠対応ができなくなってしまった。あくまでも外国籍の枠のなかで採るということになったものだから，そうすると，中国人の子は漢字文化に慣れているから，どうしても試験の点数でいうと有利です。

9．地域との連携

——当時，地域との連携はありましたか。

○梅本　IAPE ですね。小中学校の国際教室担当者会議。

——潮田地区。

○梅本　その中心に R さんがいました。R さんが IAPE をつくって，Q さんや「ぶーがる」の V さん。潮田で飲食店を経営している沖縄出身の V さんという方は，南米から来ている移住労働者の人たちの食事の心配とか，医療のこととかをいろいろ心配していた。あと地域との関わりといえば，港町診療所です。

その辺の地域とのつながりを，どうつくっていくかに関しては，やはり教員の守備範囲の外側なので，それこそボランティア的な意識がないとできないです。

10．高校卒業後の進路

——高校卒業後の彼らの進路の希望と実際の進路についてお聞きしたいのですが。大学進学を希望してもなかなか入れないということもあると思います。

○梅本　南米から来た子たちは，自分の父親，母親を見ていますから，結局，それ以上の自分の進路をあまり考えられない。そういうところをNさんはものすごく心配していました。

○梅本　寛政で見てきた子たちは，やはり自分たちの親しか見ていないから，その上にさらにいろいろな仕事があるというところまでは，なかなか見えなくて，そこに落ち着いてしまうという子が多かったです。ただ，W君というのがいて，いまはブラジル領事館に勤めているようなことをいっていました。

○梅本　X君は学校の教員に，Oさんは保育士になるなど，日本の高校生とそんなには変わらない子もいます。一応進路先を自分で見つけるようにはなっています。ただ，やはり自分の親を見て，その線で，そこそこの仕事を見つけてしまうという子たちが多いですが。

——仕事は見つかりますか。W先生が，結構苦労していて，彼らは自分たちで探してきてしまうと。

○梅本　自分たちのコネクションがある。

——W先生は，学校紹介できちんと就職させるというルールをつくっていかないといけないと力を注いでいます。

○梅本　結局，いまの高卒の就職口は限られてしまう。私が教員になったころは，それこそ東芝とか，日本でも有数の企業の事務職とかもありました。銀行でも高卒で就職できたのですが。

11. 保護者の教育に対する意識

——保護者の教育に対する考え方はどうでしょう。子どもたちは自分の親を見ているから，それほど高望みはしないということをおっしゃっていましたが。

○梅本　親が，ブラジルでどういう社会の層にいたかによって，ずいぶん違います。X君は，その上にY君というのがいて，寛政高校に来ていたが，Z一族です。彼のお母さんは4人姉妹でみんな看護師さんです。ブラジルで看護師さんをして，さらに日本でも看護師さんをしています。X君のように親がそういう層だと，やはり学校の教員になってみようと思ったりするわけです。

――結構階層差がありますか。親の関係で。

○梅本　一般化はできない。ブラジルでどの層にいたかは大きいと思います。

――それがそのまま，日本に来ても引きずっている。

○梅本　そうです。日本に来ても，そのまま看護師さんをしているから，やはりX君のように一定の志向を持って教員になろうと思う。あるいは，そういう環境に刺激されて，Oさんのように保育士になろうという子もいます。でも，お父さんが電気工事をしているから電気工事に就いてしまうという子が多いです。

〔日時：2012年3月16日（金）／場所：神奈川県相模原市／整理：小林宏美〕

インタビューを終えて

現在，神奈川県には，在県外国人等特別募集の制度があり，日本語を母語としない生徒に，高校の入学試験に関するさまざまな情報を提供し，彼・彼女らの高校進学に道を拓いている。教育委員会と多文化共生教育ネットワークかながわとの協働事業として，毎年秋に県内数ヵ所で開催される日本語を母語としない人のための高校進学ガイダンスには，大勢の日本語を母語としない生徒やその保護者，教員，地域の学習室スタッフなどが参加する姿が見られる。在県外国人等特別募集制度に基づいて受け入れを行う高校では，彼・彼女らが入学した後も，日本語指導をはじめとするさまざまな支援策が施されている。

しかし，今日のような体制が整備されるまでは，日本語を母語としない生徒の受け入れや教育は，基本的に現場の教員の対応に委ねられ，教員は試行錯誤を繰り返しながら経験を積み上げてきたことが推察される。すなわち，日本語を母語としない生徒への教育は，彼・彼女らを直接指導する個々の教員の努力や力量，経験，善意に頼っていたところが少なくなかった。

鶴見総合高校の日本語を母語としない生徒の受け入れの歴史は，前身の寛政高校時代の1992年に始まる。同年，ボリビアから日本語を話せない女子生徒が入学してきた。この年に彼女が入学してきたのは単なる偶然ではない。1990年の「出入国管理及び難民認定法」の改正により，南米出身日系二世，三世の人たちには，「定住者」としての在留資格が認められることになり，これを機に横浜市鶴見区では日系人労働者が急増したのである。

以下では，(1)外国籍生徒受け入れと支援の始まり，(2)外国籍生徒を受け入れるとはどういうことか，(3)取り出し授業の意味するものという3つの観点から，梅本元教頭の聞き取り結果にもとづいて考察する。

(1)外国籍生徒受け入れと支援の始まり

寛政高校における外国籍生徒への特別な配慮は，まず補習というかたちで始まった。1993年にブラジルから2人の姉妹が転入してきたが，そのうち妹のほうはまだ15歳になっていなかったことが判明した。そこで，入学を1年待ってもらうことになり，その間学校で日本語指導を始めたのが最初であった。

日本政府は国内の労働者不足を補うために，入管法を改正して南米日系人労働者を受け入れたが，その子どもたちに対する教育的配慮が十分であったとは言い難い。鶴見区では，その後も日系人労働者が増え続け，それにともない地域の小中学校には外国から来た子どもたちが多数在籍するようになった。しかし，義務教育を終えた後の進学先がなく，非行に走る子どもたちもいた。そこで，義務教育後の進学の問題について，小中高校の国際教室担当教員らが協議することになり，中学校側から寛政高校で受け入れてもらうよう要請のあったことが，同校で外国人生徒を受け入れる契機となった。まず，当時入選委員長を務めていた梅本元教頭が取り組んだのが，入学選抜の基準づくりで，その方法として内申書が全部揃わない生徒に適用される「資料欠の生徒の受け入れ」の仕組みを利用したのであった。次に，外国から来た子どもたちのための特別枠を県のルールに抵触しない形で学校独自に設定したという。1994年からは，国語と古典の科目の取り出し授業が開始され，日本語の指導が行われるようになった。

このようにはじめは近隣の小中学校の要請に応える形で，当時入選委員長を務めていた梅本元教頭が中心となり外国から来た子どもたちの入学基準が作成され，取り出し授業が開始されたのである。ただし，外国籍生徒を特別に扱うことについては，校内でさまざまな意見があったようで，何の障壁もなくすんなり実行に移せたわけではなかった。これらの新たな取り組みを実現可能にしたのは，梅本元教頭の強いリーダーシップであった。反対意見があるなかで進められた入学選抜基準作りや取り出し授業の試みは，日本人生徒，外国人生徒関係なく教育の機会は平等に開かれているという梅本元教頭の教育者としての信念と責任感に裏打ちされたものであったことが推察される。

⑵外国籍生徒を受け入れるとはどういうことか

次に，外国籍生徒を受け入れるとはどういうことなのかについて，梅本元教頭の語りを手がかりに論じたい。

外国の子どもたちを受け入れるということは，外国の文化をそのまま引き受けることでもあります。もともと，いろいろな事情を抱えた子たちがいるわけですから，そういった子たちと，どういうふうに付き合っていくのか，問題は（日本人の子どもたちと）同じです。

日本語能力試験は，私はあまり重視してはいなかった。それを重視しだしたのは，大学でそういう基準を設けたからでしょう。……むしろ大事なのは，彼らが自分の将来に関して積極的に，こうしたい，ああしたいという意欲を持つことです。むしろＱさんや大学生のように，大学とはこういうところだと，あるいは大学を卒業したら，こういう道があるということを具体的に示せる人が必要なのです。

そういう人との関係の方が必要で，そういうものがあれば，おのずと自分の日本語能力も，もう少しレベルアップさせなければいけないとなるのです。

梅本元教頭は，外国籍生徒を受け入れることは，その生徒自身のアイデンティティの拠り所となる言語や文化を含めて受け入れることであるとの考えを示している。生徒の存在を丸ごと受けとめ，１人の人間の成長に向き合おうとする教師としての姿勢がうかがえる。

⑶母語の授業の意味するもの

母語の授業は，IAPE（外国人児童生徒保護者交流会）というスペイン語とポルトガル語の母語教室の影響があったという。IAPEが先にあって，高校でも生徒たちの母語を保障していこうということで選択科目が用意されたのである。その含意とするところは2つあった。1つは，親子のコミュニケーションの問題である。来日して子どもは日本の学校教育を受けるなかで次第に母語を忘れていくのに対し，親は仕事が忙しく日本語を勉強する機会がないため日本語がなかなか上達しない。このような状態が続くと，親子間で意思の疎通を図るのが困難になってくるのである。今ひとつは，彼らが将来どこを生活基盤とすることになるのかわからないことである。日本人とは違い，彼・彼女らはずっと日本に留まるとは限らない。万が一，出身国に帰国したときのことを考えると，母語を保持していることが将来の選択肢を広げるという意味で重要と考えられるのである。

母語の授業の目的は，生徒らの母語を保障することであった。同様に，日本語の授業も，第一義的には日本語を指導することが目的であった。しかし，寛政高校時代のこうした授業には，別の重要な目的があった。それは，母語あるいは日本語の指導者に，単に母語や日本語の指導だけではなく，生徒たちに日常的に関わってもらうことが期待されていたのである。とりわけ母語指導者には，生徒らと母語で会話ができるため，学内だけでなく外の問題についても，家庭の問題から生活相談，進路相談に至るまで，多方面に彼らの身近な相談相手となることが期待されていた。生徒らと母語指導者，日本語指導者との関係をより確かなものにするために非常勤講師として採用したという。

以上，鶴見総合高校における外国とつながりのある生徒の受け入れの原点となる寛政高校時代の姿勢と経験について，3つの観点から述べた。教育の現場では，日系人生徒をはじめとする外国人生徒の受け入れや対応に戸惑いつつも，地域の支援団体との協力関係や学校段階の枠を超えた連携を推進し，試行錯誤を繰り返しつつ，ときに教員のリーダーシップによって，現在の鶴見総合高校の受け入れの礎が築かれたのであろう。

第Ⅱ部

授業の実際から見る多文化共生

第4章　高校における日本語指導の取り組みおよび課題

（安藤　優希）

はじめに

鶴見総合高校では，週に一回「日本語」の授業が行われている。とはいうものの，実際に授業を行っているのは「日本語教師」ではなく，今まで日本語を教えた経験の全くない本校の教員。初めて教える「日本語」に戸惑いながらも，外国につながる生徒たちを相手に奮闘している。ここでは，私たち教員の奮闘記とそこから見えてきた課題についてお話ししたい。

1．クラス分け

「日本語」の授業を行うにあたって，まず頭を悩ますのがクラス分けをどうするかである。来日時期もバラバラ，家庭環境や学習環境も異なり，レベルにも差がある生徒たち。もちろん，出身国や出身地域の違いもある。そんななか，どのようにクラス分けをすれば生徒たちの力を一番伸ばせるだろうか。3月の末，私たちの関心事はそこに集中する。

本校の「日本語」の授業は，初級2クラス，中級1クラス，上級1クラスの4クラス展開で行われている。初級を2クラスにしているのは，一番に人数をできるだけ少なくしたいという思いからである。初級クラスのなかでももちろんレベルの差はあるが，なかには日本にきてから1年にも満たないという生徒もいる。そのため，できるだけ10人以内の少人数で授業を行いたいと考えている。さらに，初級の2クラスは，ひとつを1年次生のクラス，もうひとつを2，3年次生のクラスに分けている。1年次生のなかには，来日間もないためにほとんど日本語がわからないという生徒もいる。しかし，2，3年次生は入学後1～2年経過しているため，ある程度の日本語は理解できるようになっているのである。このレベルの差をできるだけ解消するように初級のクラス分けを行っている。

では，それぞれの年次の生徒をどのようにクラスへ振り分けているのか。2，3年次生については，昨年度の授業での様子，定期テストの状況，各個人の状況などに鑑みて，授業担当者で話し合い，クラスを決めている。日本語の能力というのは，試験の結果だけでは分からない。授業中の理解力や向上心，話す力なども大事なポイントとなる。そのため，必ず授業担当者の意見をもとにクラスを決めるようにしている。

ただ，そこで1つだけ気をつけている点がある。それは，「生徒のプライドを傷つけない」ということである。本校の生徒のなかには，「自分はだめだ」「どうせ自分はできない」と思っている子が何人もいる。そういった生徒たちに「自分はやればできる」という自信を持たせてあげたい。そういった自信を持たせながら，向上心をくすぐって伸ばしていってあげたい。多くの教員がこのような思いを抱いているのではないだろうか。これは決して外国につながる生徒に限ったことではないが，とくに外国につながる生徒は自己肯定感が低いことがあるので注意したい。そのなかでも，中国系の生徒は自分の成績やレベルを非常に気にする傾向がある。年次が上がるときには，生徒の性格なども考慮しながら，できるだけ同じレベルか上のレベルに上げるようにしている。

1年次生については，入学時にはまだ生徒たちの状況がわからないので，次の3つの方法を用いてデータを集めている。1つは，合格者説明会の後に実施する「日本語能力検査」である。これは本校が独自に作成している試験で，漢字，語彙，カタカナ，文法，読解，作文のレベル別の問題を組み合わせたものである。これで基本的な日本語能力を測ることができる。同時にアンケート（表1）を取り，来日時期やこれまでの日本語の勉強時間，どこで誰に教えてもらったか，また保護者の母語や保護者の日本語能力についてなどを聞く。このアンケートは，内容はもちろんのこと作文の能力を見ることもできる。これらの検査の結果を中心にレベルを考えていくが，これはあくまでも基礎的な日本語能力があるかどうかを測っているため，さらに細かいレベル分けや微妙なラインの生徒の割り振りを考える時にはデータが足りない。そこで，2つめの方法として「後期入試の学力試験の結果」を用いる。

表1　新入生日本語力調査用紙

新入生日本語力調査用紙

名前（ふりがなも）	中学校		出身地（生まれ育った国・省）
生年月日	日本に来た時期（いつ日本に来ましたか？）		
年　月　日	年　月 ごろ		歳　年生の時
今まで日本語をどのように勉強してきましたか？			
どこで…… 1週間に（　）時間ぐらい		誰から…… （　）年（　）ヶ月間ぐらい	
家での言葉（家族とは何語で話しますか？両親はどれくらい日本語が分かりますか？）			
どんな授業をうけたいですか？（読む・書く・聞く・話す、で苦手なのはどれですか？）			

神奈川県では，2011年度まで「前期入試」と「後期入試」が行われていた。そのうちの「後期入試」にある「在県外国人等特別募集枠」では，英語・国語・数学の学力試験を課している。この点数を参考にするということである。日本人の受検生と同じ問題を解くため，とくに国語では応用的な能力が身に付いているかどうかをチェックすることができる。

これらの2つの方法でも，まだ迷うことはある。そこで最後に，入学前に行われる個別ガイダンスを参考にする。個別ガイダンスとは，1人15

分程度で教員と生徒1対1で話をするものである。内容としては，名前の確認（学校で呼んでほしい名前），高校生活で不安なこと，わからないこと，苦手な授業や得意な授業についてである。ここで大事になるのは，ただ話を聞いて答えるだけでなく，その生徒の日本語能力や日本語を使ってのコミュニケーション能力がどれくらいあるかをチェックすることである。この個別ガイダンスは，最後にして最大の参考データとなり得る。

以上の3つの方法を使ってクラス分けを行い，いよいよ4月から授業が始まっていく。例年，初めて日本語の授業を担当する教員が1名以上参加している。模索しながらの戦いの日々が幕を開けるのである。

2.「初級クラス」の授業

初級クラスでは，まずカタカナや名詞をどれくらい知っているかというところから入る。外国につながる生徒たちは，カタカナを苦手としている場合が多い。とくに，「ニュース」のように拗音を含む単語や「コーヒー」のように伸ばす音の入っている単語が苦手な子がけっこういる。そこで，ゲーム感覚でカタカナ語を練習したり，さまざまな物の名前を学んだりする。その後，文法を学んでいく。教員によって授業の進め方や教材も異なるので，一概にはいえないが，動詞の活用（て形，ます形，辞書形など）から始まって受動態や使役まで学ぶことが多い。教員は，市販のテキストを参考にしながら，自分でプリントを作成して授業を行っている。

また，漢字の勉強も欠かせない。本校に在籍している外国につながる生徒のうち，もっとも多いのは中国系の生徒である。中国系の生徒は，漢字自体は見慣れているので抵抗感はないが，中国の漢字と日本の漢字の違いに少なからず戸惑いを感じている者も多い。たとえば，中国の簡体字に慣れている生徒は，日本の漢字を書く際に細かい点で間違えてしまうことがある。さらに，読み方は日本と中国ではまったく異なるので，漢字を書けても読めないという生徒も多い。一方，フィリピンをはじめとする他の国につながりのある生徒たちは，漢字自体に抵抗を感じるという場合もある。漢字にあまり触れていなかった生徒には，書き順から教えていかないと記号を書き写しているだけのようになってしまう。このように，漢字の勉強

資料１　初級・授業プリント例

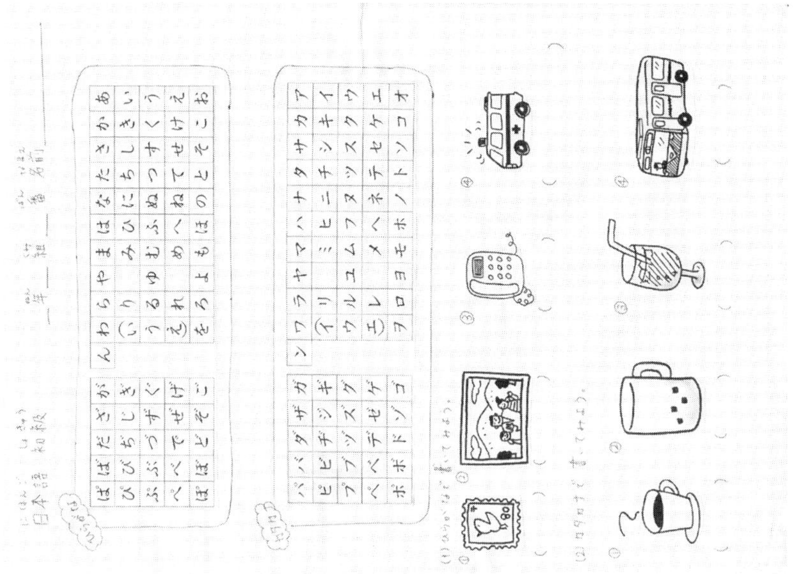

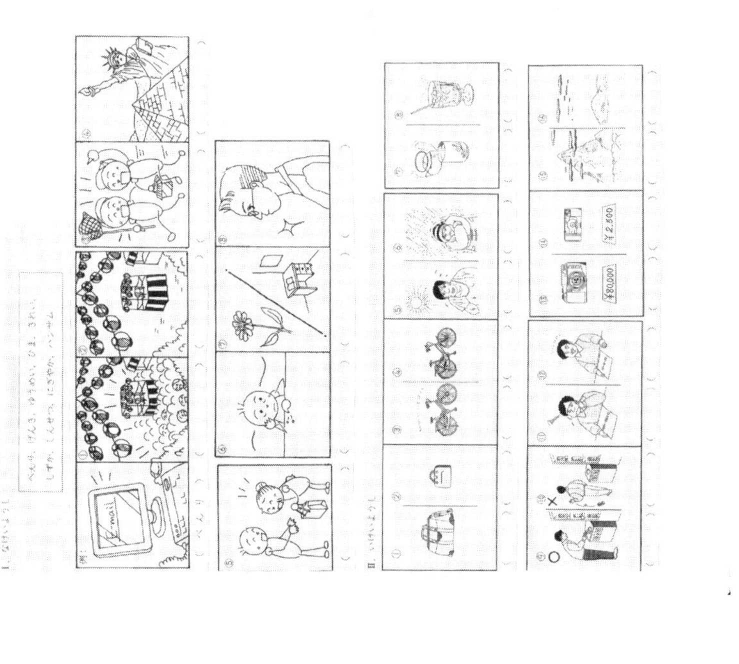

日本語SW（ワークシート）14　　9／5

組　番　名前

敬語　5「インタビュー」

＊来週は今までに皆さんが学習した敬語が実際に役立つかどうかの実地テスト（実際に使えるかどうか試すこと）をします。授業時間中に、職員室や体育準備室や講師室など、先生がいらっしゃる部屋に行って、3人の先生にインタビューをしてください。その後、そのインタビュー内容をクラスで発表してください。

＊インタビュー内容は次の通りです。

① 先生の名前と教科。鶴見総合高校での在職年数（働いた年数）。

② なぜ教師になろうと思ったのか。

③ 教師をしていて最も嬉しかったことは何か。

④ 教師をしていて最も苦労することは何か。

⑤ 教師にならなかったら何になっていたか。

⑥ 「座右の銘」は何か。

⑦ 今まで読んだ本で最も感銘を受けた本は何か。

＊部屋の入り方

1．戸をノックし、自分が名乗って先生を探す。いなければ他の先生を探す。

「1年〇組の（　　　　　）です。〈　　　　　〉先生は

2．

「

。」と言って入り口まで来ていただく。

3．「よろしくお願いします。」と言って、評価用紙を先生に渡してインタビューを始め

57

る。

＊前の質問を、先生方に正しい敬語を使ってしっかり伺ってください。

質問の前のお願いの仕方。

私は１年〇組で日本語入門・イの（　　　　　　　　　　）と申します。日本語入門クラスの授業のインタビューを、

＊①〜⑦の質問の訊き方を各自考えましょう。

①

②

③

④

⑤

⑥

⑧

というのも，日本語の能力向上のためには避けては通れない道といえる。

3．「中級クラス」の授業

中級クラスでは，ある程度の文法や語彙力が身についていると考え，より高度の文法や敬語などの勉強を中心に行う。私が担当していたときには，いわゆる「やりもらい」の文法や使役，尊敬語や謙譲語の勉強を行った。もちろん，こういった文法の勉強も非常に大切だが，中級クラスでぜひ行いたいと思っているのは，作文や長文読解の力を伸ばすことである。日本語のクラスで目指すことは何か。それは，生徒たちが高校での勉強についていくことができ，高校卒業後も希望の進路に進み，不自由なく生活を続けていけるようにすることである。そのための日本語能力を少しでも伸ばしてあげることである。そのためには，やはり文章を書く力や読解力，そして話す力を鍛える必要がある。中級クラスでは，そういった能力を少しずつ向上させられるような授業を行っていきたいと考えている。

資料2　中級クラスで使用しているカード

資料3　中級・授業プリント例

「～そうです」の言い方

年　　組　　番　名前

その人がどんな様子かを伝えるときに使います。

（例）お金があります　→　お金がありそうです
　　　お金がないです　→　お金がなさそうです
　　　【動詞(どうし)】

おいしいです　→　おいしそうです
いいです　　　→　よさそうです
【い形容詞(けいようし)】

暇です　　　　→　暇そうです
【な形容詞(けいようし)】

（問題）その１

1	忙(いそが)しいです→（　　　）	2	暑いです→（　　　）
3	楽しいです→（　　　）	4	幸せです→（　　　）
5	怖(こわ)いです　→（　　　）	6	重いです→（　　　）
7	静(しず)かです　→（　　　）	8	大変です→（　　　）
9	倒(たお)れます　→（　　　）	10	消えます→（　　　）
11	取れます　→（　　　）	12	壊(こわ)れます→（　　　）

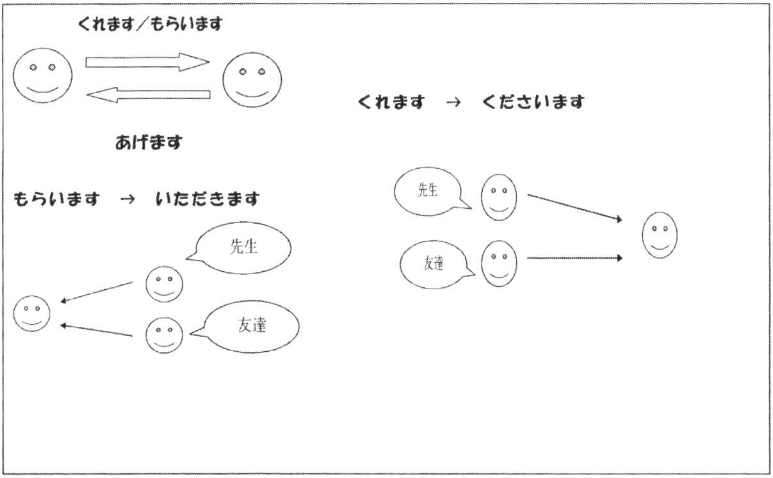

4.「上級クラス」の授業

上級クラスでは，読解や作文を中心とした授業を展開している。文学作品をはじめとした長い文章を読み，自分の意見を表現することをとおして，高校の授業で不自由なく学習を進められるような力を身につけていく。また，進路にも役に立つ日本語能力試験のうちもっともレベルの高いN1を目指す生徒もいるので，日本語能力試験の内容も盛り込みながら授業を行っている。

上級クラスは一番人数が多いクラスであり，1年次から3年次までのすべての年次の生徒が所属しているため，教え方も難しい。各自のニーズを押さえながら，卒業後を見据えた学習を行っていくことで，生徒たちの向上心をキープさせることが必要となってくる。

5. 授業担当者の苦悩と喜び

日本語の授業はおもしろい。毎時間新たな発見の連続である。子どもたちは，私たち日本人には思いもつかない質問を投げかけてくる。「カップとコップの違いは何？」「さりげないってどういうこと？」そんな，普段は考えもしないようなことについて質問してくる。私たちは，これまでの知識を総動員し，今まで気にもとめていなかった問題について考える。そういった意味で，確かに日本語の授業はおもしろい。

しかし，同時に日本語の授業は難しい。今まで日本語を教えたことがなかった教員が，初めて日本語を教えるのは，やはり難しい。とくに，2010年度と2011年度は，4クラスとも国語の教員が担当していた。国語の教員は日本語の授業のスペシャリストかというと，そうとも言い切れない。もちろん日本語についてはスペシャリストかもしれないが，日本語の教え方となるとそうはいかない。普段国語を日本人に教えているのとはわけが違う。いってみれば,「日本語」は「外国語」なのである。そこを割り切って教えていかなければ，うまくいかない。その意味では，英語の教員の方が教え方については知識が豊富だ。日本人にとっての「英語」と外国人にとっての「日本語」は同じ「外国語」だからだ。一番理想的な形は，国語の教員と英語の教員が一緒に「日本語」を担当するというものである。日本語についての知識と外国語教授法の知識を合わせれば，きっと素晴らしい「日本語」の授業ができるのではないだろうか。

6．今後の課題

日本語のすべての授業に共通して言える問題は，いかにして生徒のモチベーションを上げるか。そして，そのモチベーションをいかに持続させていくかである。生徒のなかには，非常に向上心が高く，日本語を学ぼうという姿勢を強く感じる生徒もいる。しかし，反対にあまり勉強をしたくないという気持ちが強い生徒もいるのである。その違いには，生徒たちが日本に来た理由やバックグラウンド，家庭環境なども大きく関係していると言える。

本校に在籍している生徒たちは，その多くが自分の意志で日本に来ているわけではない。多くの生徒は，保護者の都合に合わせて来日している。本当は母国にいたかったのに，嫌々連れてこられたという生徒もいるだろう。急に日本に呼び寄せられ，なぜ自分が日本にいるのかよく分からないという生徒もいるかもしれない。そういった状況で，「さあ，勉強しよう」と言ってもなかなか気持ちが乗らないのである。さらに，学校の授業はすべて日本語。よく分からずに授業が進んでいき，ついて行けなくなればやる気もなくなってしまうだろう。だからこそ，サポートが必要となる。日本語の授業もその１つなのである。

では，どのようにすれば生徒たちのモチベーションを高められるか。まずは，授業中のアクティビティ，ゲームの重要性が挙げられる。生徒の意欲を高めるようなアクティビティを盛り込んで，授業に集中させる。たとえば，クイズ形式で日本語の問題を出し，優勝者を決めるものや，先生へのインタビューを行い，敬語を中心とした日本語の表現方法を学ぶものなどが考えられる。また，日本文化の紹介を行うのもおもしろい。たとえば，七夕には短冊に願い事を書いてみる。夏には暑中見舞い，冬には年賀状を実際に書いてみる。家庭科の教員にも協力をお願いし，節分には恵方巻をつくって食べたり，ひな祭りにはちらし寿司をつくって食べたりということも行ったことがある。

その際，日本の文化を紹介するとともに，生徒たちの母国の話をさせると一層おもしろい。生徒たちは喜んで話し出す。中国ではこうだ，フィリピンではこうだ……と目を輝かせて話し出す。いつもは無口な子ややる気のない子も，こちらが質問するとどんどん話してくれるのである。こういったアクティビティやゲーム，お互いの文化紹介などをとおして，生徒のモチベーションを上げていく。しかし，それでもモチベーションが下がっていってしまう子がいるのも事実である。生徒の気持ちをつなぎ止める授業とはどのようなものか。そして，その授業をとおして生徒たちにどんな力を身につけさせるべきなのか。これは今後も考えていかなくてはならない大きな問題である。

これまで，初級，中級，上級の授業内容について簡単に説明を行ってきた。しかし，じつのところ，日本語の授業内容はまだまだ進化の途中である。日本語を教える教員も毎年少しずつ入れかわっていくため，もっと体系的なカリキュラム作りや教え方，教材の蓄積が必要であると考えている。そのために，まずは生徒たちに3年間でどのような日本語力を身につけさせたいかを考え，初級，中級，上級それぞれの目標をつくっていきたい。その上で，各レベルの授業内容を詰めていき，モデルとなる年間授業計画をつくっていきたいと考えている。日本語の授業をより意味のあるものにしていくために，私たちの模索はここからまた始まっていく。

第5章　取り出し授業の実際

（木谷美佐子・笹尾裕一・服部明良）

事例1．地理A

「地理A」の個別支援授業では，教科書・地図帳を使用し，プリント学習を中心に授業を行っている。読みや意味などが難しい単語が多いため，プリントへのルビ（ひらがな）ふりは必須である。プリントの空欄を埋める語句を板書する際には，逐一読み仮名を問い，ルビを振りながら「…っ…」，「…う」，濁音や半濁音など間違えやすい部分は繰り返し強調するようにしている。授業中に電子辞書などの持ち込みは可とし，できるだけ自分で調べるように促すと，自然にわかった生徒がわからない生徒に教えるような活動につながっていく。

学習言語定着のための工夫としては，ファイルに通常のプリントのほか，「今日の難しかったことばメモ」というシート（記載事項；言葉・読み方・意味など）を綴じさせ，授業終了時にそれぞれの生徒がその授業で難しかったと感じた言葉の書き抜き作業を行っている。

プリントは，ほぼ毎回提出させ，1文字ずつチェックをして，できるだけ丁寧に直して返却している。とくに非漢字圏からの生徒は，漢字を「絵」として写しているだけで，漢字のつくりを理解せずに書いていることも散見するので，個別に指導することが必要である。

また，定期試験を返却する際には，問題文のルビなしのものを別途作成し，答え合わせをしながら，問題文の音読やルビ振りの作業も行っている。

学習内容のなかでは，レッスンクラスにいる生徒の出身国・地域のことを扱い，その生徒が他の生徒にその内容の説明をさせるなどの学習活動を行っている。その国のことなどでも生徒が知らなかったことなどもあったり，逆に詳しく説明できたりと学習内容も予期できないところで深まりを見せることもある。

下に，生徒の出身国・地域のことを扱った学習内容を列挙したが，とくに「その国の特色的な風景」では，大型モニターに写真を映し，その国・地域につながりのある生徒に説明をしてもらう。あらかじめ打合せをしていなくても沢山のことを説明できることに驚かされる。関連することなどについても話が及ぶこともあり，彼らの生き生きと話す姿は印象的である。逆に日本の生徒がほかの国に行ってこれだけの説明ができるかというと疑問であり，日本の生徒が自国の文化や歴史についてもっと学ぶべきなのではないかということについても考えさせられる。

❖生徒の出身国・地域のことを扱った学習内容の例

「正式国名」「国旗とその意味」「面積（日本との比較）」「人口」「首都」「民族構成」「公用語」「宗教とその歴史的背景」「祝日・祭日」「歴史の概略（産業）」「その国の特色的な風景」など

（木谷美佐子）

（第2編　1章　②世界的視野からみた地形（つづき））

〈　山〜川がつくる地形　〉

①「山」の形

高く険しい山　…（1　新期造山帯　）＝　現在も（2　活発に活動中　）
（3　地震　）が多い
例）アルプス　山脈・　ヒマラヤ　山脈　など

なだらかな山　…（4　古期造山帯　）＝（5　炭田　）がみられる
例）ウラル　山脈・　アパラチア　山脈　など

〈　川がつくる地形　〉

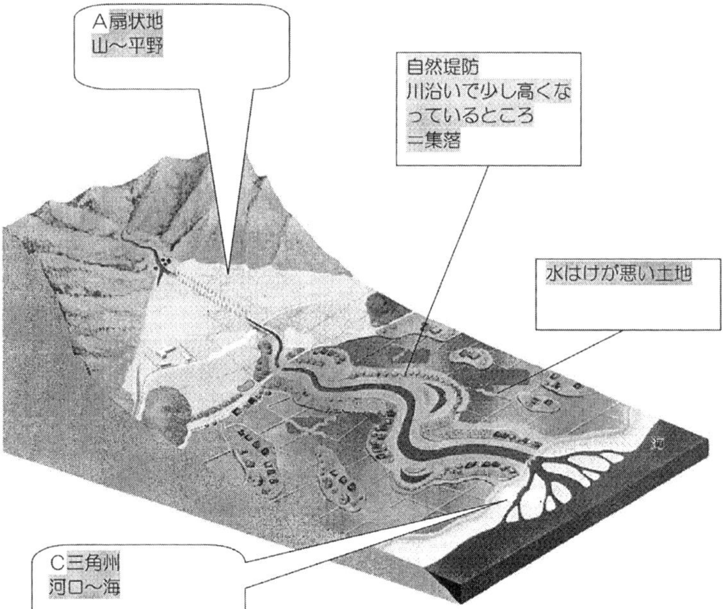

〈海岸の地形〉

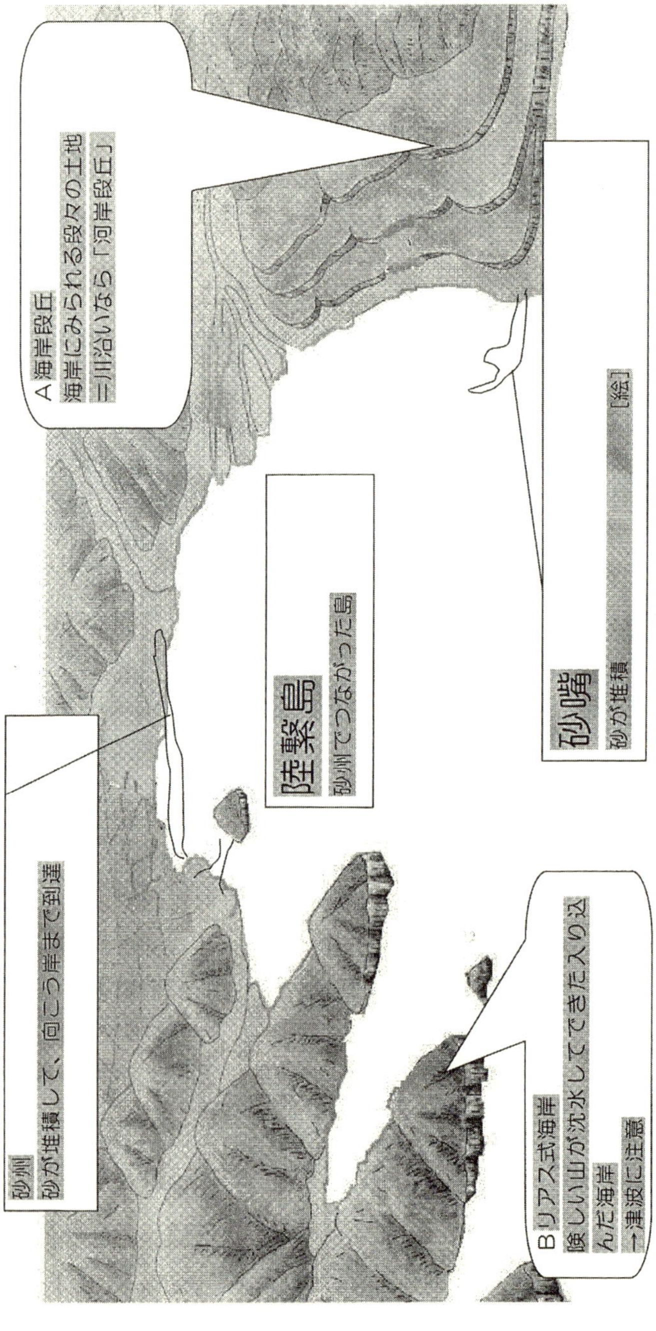
A 海岸段丘
海岸にみられる段々の土地
=川沿いなら「河岸段丘」
砂州
砂が堆積して、向こう岸まで到達
陸繋島
砂州でつながった島
砂嘴
砂が堆積
[絵]
B リアス式海岸
険しい山が沈水してできた入り込んだ海岸
→津波に注意

今日の難しかったことばメモ（　　月　　日）番号　　　　氏名

	ことば	ふりがな	メモ
1			
2			
3			
4			
5			
6			
7			
8			
9			
10			
11			
12			
13			
14			
15			
16			

事例２．世界史Ａ

「世界史 A」は，世界の歴史の全時代を，週 2 時間相当という短時間で扱う科目である。時間の関係もあってテーマを取捨選択して授業を組み立てている。

取出し授業を実施するにあたってもっとも大切にしていることは「教室にいる目の前の生徒を中心に行う」ことである。

そのためにまず大切にしたことは，「日本語の学習言語の習得」ということであった。このため，①板書・プリントの漢字には必ずふりがなを付け，②キーワード母語訳を作成して配布した。また，③プリントの設問は，必ず生徒に読ませてから答えさせるなど，④生徒に確認しながら分かりやすい説明を心がけた。

①は，すべての生徒に有効ではないかもしれない。しかし，「ふりがなをつけてもらったので電子辞書で調べやすかったし良かった」と生徒の感想を聞き，続けている。

②は，母語で学習言語の確認ができる。ただし，母語で習得していない学習言語については，理解の助けにはならない。また，準備に時間がかかる，インターネットの翻訳サイトを利用すると誤訳が多い，などの課題もある。

③ は，日本語の発音チェックもでき，生徒の日本語を読む力を知り，その力をひき上げる効果もあると考える。

④ は，難しそうな言葉や説明について「分かりますか？」と随時生徒に問いかけて確認するようにしている。「分からない」ときには，日本語の表現を変えて説明したり，生徒同士で確認させたり，英語を利用したりする。

もう 1 つ大切にしたことは，「生徒の母文化を尊重する」ことである。生徒の自尊感情を育み，モチベーションを上げることをめざした。具体的には，⑤生徒の母国・出身地につながるテーマを意識してとりあげ，⑥生徒の持っている歴史的知識を授業に生かせるように，随時生徒に問いかけを行った。

⑤は，教室あるいは学校に在籍する生徒の母国・出身地にかかわる歴史

を重点的に扱うようにしている。中国出身の生徒は必ずいるので中国史は省略しない。中南米出身の生徒もいるので，ラテンアメリカの歴史には必ずふれる。とくに大航海時代とその後の奴隷貿易は，ヨーロッパとアメリカやアジアが出会っていく重要なテーマとして優先的に扱っている。これは鶴見総合高校の前身の寛政高校で，社会科の取り出し授業を見学したときに同僚から気付かされたことである。

⑥は，生徒の母国・出身地で同じテーマをどう評価しているか，現在の生活のなかにどのように生かされているかを聞く。たとえば，記念日・記念施設・教科書やマスコミの扱いなどを聞き，生徒の体験した生活上の知識を活用する。一例として，世界一周をめざしたマゼランが，フィリピンの原住民リーダーのラプラプの抵抗にあって命を落とした歴史を扱う。その記念日を現在どのように祝っているかをフィリピン出身生徒から聞き出し，現地の人々のマゼランとラプラプへの思いを授業を通じて理解・共有できるようにしている。

（笹尾　裕一）

世界史　プリント①　人類のはじまり１　　　組　　番

Q１．地球が生まれた（地球の誕生）のは、今から約何年前か？

（ 約1万年前　・　約500万年前　・　約6500万年前　・　約46億年前 ）

約											年前

地球の誕生

Q２．人類の生まれた（猿人の出現）のは、今から約何年前か？

（ 約1万年前　・　約500万年前　・　約6500万年前　・　約46億年前 ）

約											年前

Q３．2001年に、700万年前の猿人（人類）とされる頭骨化石が発見された。
この化石が発見されたのは、どの大陸か？

（ アメリカ大陸　・　ユーラシア大陸　・　アフリカ大陸 ）

地球カレンダー

1月 1日（約46億年前）地球誕生
2月25日（約39億年前）生命誕生
9月27日（約12億年前）多細胞生物登場
12月26日（約6500万年前）恐竜の絶滅
12月31日（約500万年前）人類の誕生

Q４．地球の歴史を1年間とすると、人類の生まれたのはいつか？
地球が生まれたのを１月１日の午前0時とし、46億年を1年365日に例える「地球カレンダー」から考える。

（ 2月25日　・　9月27日　・　12月26日　・　12月31日 ）

Q５．人類（ヒト）の特徴（他の動物と違う点）をあげなさい。

Q６．その特徴の中で、最も基本的な特徴は何か？（　　　　　　　　）

【世界史A】キーワード訳（プリント順）

読み方	日本語	英語	中国語	スペイン語	ポルトガル語	韓国朝鮮語
プリント①人類のはじまり						
せかいし	世界史	World history	世界历史	historia universal	historia mundial	새계사
ちきゅう	地球	The earth	地球	La Tierra	mundo	지구
たんじょう	誕生	Birth	诞生	nacimiento	nascimento	단생
やく	約	About	大约	aproximadamente	mais ou menos	약
ねん	年	year	年	año	ano	년
まえ	前	Before	以前	antes	antes	이전
まん	万	Ten thousand	万	diez mil	dez mil	만
おく	億	Hundred million	亿	cien millones	cem milhoes	억
じんるい	人類	The human	人类	la humanidad	humano	인류
えんじん	猿人	A pithecanthropus	猿人	hombre-mono	Um pithecanthropus	원인
しゅつげん	出現	An appearance	出现	aparición	parecimento	출현
とうこつ	頭骨	Cranial bones	头骨	huesos craneales	Ossos cranianos	두골
かせき	化石	A fossil	化石	fósil	fóssil	화석
はっけん	発見	Discovery	发现	descubrimiento	descoberta	발견
たいりく	大陸	A continent	大陆	continente	continente	대륙
れきし	歴史	The history	历史	la historia	historia	역사
かれんだー	カレンダー	A calendar	日历	calendario	calendário	캘린더
たとえる	例える	compare	比喻为	comparar	compar	비유한다
とくちょう	特徴	A characteristic	特征	característica	característica	특징
たの	他の	others	以外的	otro	outros	다른

事例３．保　健

高等学校で学習する種々の科目のなかで，外国につながる生徒たちにとってとくに難しいと感じているのが，保健の学習言語だと聞いている。日常会話などでは，ある程度のコミュニケーションがとれる生徒でも，教科書に記載されているちょっとした学習言語が意味不明であり，理解に苦しんでいる。

漢字圏の生徒（中国籍）は，学習言語の漢字よりなんとなくその意味を理解するようであるが，英語，ポルトガル語，スペイン語など，南米やフィリピンにつながる生徒たちにとっては，大変に難しいようである。

そのような生徒たちのために作成したのが，保健キーワード集（資料1）である。作成にあたっては，当時の外国人支援担当教諭に相談したところ，本校で週に1～2回行われている，外国につながる生徒のための学習サポートとして来校する，東京外語大学のボランティア学生さんの協力が得られるとのことで翻訳依頼をした。

内容については，1単元から3単元まで教科書の文言のなかで，理解に苦しむであろうと思われる語句を1つずつ抜き出し，それぞれ，英語・中国語・スペイン語・ポルトガル語の表記がされている。表計算シート（エクセル）を利用しているので，50音順や単元ごとの表記が可能である。ただ，教科書も数年たつと表記が変わる箇所があるので更新の必要がある。生徒たちには，50音順のものを渡し辞書感覚で活用するように指導している。

また，保健学習の導入には，筋肉・骨格系の学習を行うが，巻頭の資料集「体のつくりと働き」について，身体諸器官の名称も同様に作成した（資料2）。

実際の授業では，保健ノートに添って学習を進めていくが，教科書同様にノートを読みとることに苦労している生徒も多い。そのような生徒には，保健ノートにルビを振ったものを作成し読み取り補助に活用させている（資料3）。

1単元・1～22，2単元・1～10，3単元・1～10までそれぞれ用意している。

個人差はあるものの読み取りの力は確実についてくるようであり，2年生になると必要としない生徒は多くなる。

また，授業のなかでは随時音読の時間を設けている。単元各項目，10～20行について制限時間（1～2分）を決めて読ませる。声を出して読ませることにより，読む力・話す力など個人差が大きいことがわかり，個別指導などの判断要素となる。音読終了時には，読めない語句，意味が分からない語句などを質問させると，積極的に問い掛けてくる生徒は多く，教科書にふりがな，意味などを書き入れている。全体で確認することにより共通理解を図ることができると感じている。

（服部　明良）

資料1

【保 健】　　保健キーワード

読み方	日本語	英語	中国語	スペイン語	ポルトガル語		
あおしお	青潮	blue tide	青潮	marea azul	maré azul	3単元	2
あかしお	赤潮	red tide	红潮	marea roja	maré vermelho	3単元	2
あっしゅく	圧縮	compress	压缩	compresión	compressão	1単元	14
あっぱく	圧迫	pressure	压迫	presión, opresión	pressão	1単元	21
あとざん	後産	afterbirth	产后	alumbramiento	as páreas	2単元	4
アレルギーたいしつ	アレルギー体質	be allergic to~	出来的胎衣过敏	alérgico	alérgico	2単元	3
あんせい	安静	rest	质安	reposo	quietação,qietude	1単元	20
あんてい	安定	stable	静稳	estabilidad	estabilidade	1単元	13
いえん	胃炎	gastritis	定胃	gastritis	gastrite	1単元	6
いくじ	育児	child care	炎育	crianza de un niño	criação de criança	2単元	3
いし	意志	(a) will	儿意	voluntad	vontade	1単元	2
いし	医師	doctor	志医	médico, doctor	médico	1単元	15
いじ	維持	maintain	生维	manutención, conservación	mantimento	1単元	16
いじかんり	維持管理	maintenance,	持维持管	mantenimiento	manutençaõ	3単元	9
いしけってい	意志決定	volition	理意志决	determinación de la	decisão de vontade	1単元	11
いしひょうじ	意思表示	state your mind	定意见表	manifestar la intención	declaração de vontade	2単元	9
いしゅうみ	異臭味	bad smell	示异臭	de mal olor y sabor	cheiro e sabor ruim	3単元	2
いじょうはんしょく	異常繁殖	abnormal increase	异常繁殖	proliferación anormal	prosperação anomal	3単元	2
いせい	異性	opposite sex	异性	sexo opuesto	sexto oposto	1単元	15
いぞんせい	依存性	dependence	殖异性	dependencia	dependência	1単元	5
いちじてきよっきゅう	一次的欲求	temporary desire	依赖性一次	deseo temporal	primeiro desejo	1単元	13
いっしゅん	一瞬	a moment, an instant	味一刹	un momento	um momento	1単元	17
いっぱんけんこうしんだん	一般健康診断	general physical check-up	的欲望普通健	examen médico general	exame médico pú blico	3単元	9
いっぱんはいきぶつ	一般廃棄物	general waste	康检查普通	desechos generales o comunes	desperdício público	3単元	4
いっぱんよういやくひん	一般用医薬品	non-prescription drugs	废弃物普通用医	medicamentos de venta libre	medicamento pú blico	1単元	8
いでん	遺伝	heredity	遗传	hereditario	hereditariedade	1単元	2
いでんし	遺伝子	gene	遗传遗	gen	gene	1単元	2
いでんしくみかえ	遺伝子組み換え	gene recombination	传基因转基因异	modificación genética	geneticamente modificado	3単元	6
いぶつ	異物	foreign substance	物违	sustancia externa	substância estrangeira	1単元	21
いほう	違法	illegal	法可	ilegal	ilegalidade	1単元	7
いやおうなし	否応なし	irresistible	否医药品	forzoso, imposición	obrigatoriedade,irres istibilidade	3単元	1
いやくひん	医薬品	medicine	医疗医	medicamento	medicamento	1単元	8
いりょう	医療	medical treatment	医疗	asistencia médica	tratamento médico	1単元	1
いりょうきかん	医療機関	medical facility	关医疗合	institución médica	instituição médica	1単元	22
いりょうきょうりょく	医療協力	in cooperation with medical treatment	作医疗制度	cooperación médica	cooperação médica	1単元	3
いりょうせいど	医療制度	medical system	医疗费医	sistema médico	sistema médica	2単元	8
いりょうひ	医療費	medical costs	疗用医	costo médico	despesa de medicaç ão	1単元	5
いりょうよういやくひん	医療用医薬品	ethical drugs	药品院内感染	medicamento, medicina	medicamento	1単元	8
いんないかんせん	院内感染	in-hospital infection	向右拐催	infección hospitalaria	infecção de hospital	1単元	9
うせつ	右折	right turn	促的	vuelta a la derecha	virar à direita	1単元	17
うながす	促す	urge	催促	apremiar, incitar	urgir	1単元	8
うぶごえ	産声	be born, baby's first cry	声音	primer llanto	primeiro grito	2単元	4
うんどう	運動	exercise	运动	ejercicio, deporte	exercício	1単元	4
うんぱん	運搬	transport, to ship	搬运	transportación, transporte	transporte,transport ação	1単元	20
えいきょう	影響	influence	影响影	influencia	influência	1単元	11
えいきょうりょく	影響力	influential	响力卫	influencia, autoridad	influência	1単元	11
えいせい	衛生	health, hygiene	生卫	sanidad, higiene	saúde pública	1単元	1
えいせいじょうたい	衛生状態	hygiene, sanitary conditions	生状态卫	condición sanitaria	sanidade	1単元	1
えいせいとうけい	衛生統計	statistic on hygiene	生统计营	estadística sanitaria	estatística sanitária	1単元	3
えいよう	栄養	nutrition	养营	nutrición	alimento,alimentaçã	1単元	1
えいようじょうたい	栄養状態	state of nourishment	养状态营	condición nutricional	condição nutritiva	1単元	1
えいようそ	栄養素	nutrient	养素非	nutriente	alimento	1単元	4
エヌジーオー NGO	非政府組織	Non Government al Organization	官方机构沿	organización no gubernamental	Organização Não Governo	1単元	3
えんがん	沿岸	on (along) the coast	岸急	costa	costa	3単元	2
おうきゅうてあて	応急手当	first-aid treatment	救呕吐应答	primeros auxilios	primeiros socorros	1単元	20
おうと	嘔吐	vomit	对发	vómito	vômito	1単元	6
おうとう	応答	reply	展中	respuesta	resposta	1単元	20
オーディーエー ODA	政府開発援助	Official Development Assistance	国家的援助污	Ayuda Oficial al Desarrollo	Assistência Desenvolvimento Oficial	1単元	3
おせん	汚染	pollution	染污	contaminación	poluição	1単元	10
おせんげん	汚染源	contamination	染起源	agente contaminador	poluente	3単元	1
おせんぶっしつ	汚染物質	pollutant	污染物质	contaminante	contaminação	3単元	1
おぞんそうはかい	オゾン層破壊	ozone depletion	臭氧层破坏污	destrucción del ozono	destruição de ozo nio	3単元	1
おでい	汚泥	polluted mud	泥温	fango contaminado	lama poluída	3単元	4
おんしつこうかガス	温室効果ガス	greenhouse effect gas	室效应气体解决	gas de efecto invernadero	gas de efeito estufa	3単元	1
かいけつ	解決	solution	看护	solución	solução	1単元	19
かいご	介護	to nurse	看护	atención y cuidado	cuidar	2単元	6
かいじ	開示	disclosure	指示	revelación, aclaración	revelação	2単元	10
かいして	介して	(go) through	介外伤	por, mediante	por	1単元	14
がいしょう	外傷	external wound	改善	lesión externa	ferimento externo	1単元	14
かいぜん	改善	improvement	舒适	mejoría	melhoria	1単元	2
かいてき	快適	comfortable	概念	confort, confortable	conforto	1単元	17
がいねん	概念	general idea	发展	concepto	conceito	1単元	2

【体のつくりと働き】

読み方	日本語	英語	中国語	スペイン語	ポルトガル語	韓国・朝鮮語		
こきゅうきけい	呼吸器系	A respiratory system	呼吸系统	sistema respiratorio	sistema respiratório	호흡기계	呼吸器系	1
びくう	鼻腔	A nasal cavity	鼻腔	cavidad nasal	cavidade nasal	비구	呼吸器系	2
いんとう	咽頭	A pharynx	咽	faringe	faringe	인두	呼吸器系	3
こうとう	喉頭	The larynx	喉	laringe	laringe	후두	呼吸器系	4
きかん	気管	The trachea	气管	tráquea	traquéia	기관	呼吸器系	5
きかんし	気管支	The bronchus	支气管	bronquio	brônquio	기관지	呼吸器系	6
はい	肺	The lungs	肺	pulmón	pulmão	폐	呼吸器系	7
おうかくまく	横隔膜	A diaphragm	横膈膜	diafragma	diafragma	횡격막	呼吸器系	8
こき	呼気	Expiration	呼气	aire exhalado	respiração	호기	呼吸器系	9
きゅうき	吸気	Intake	吸气	aire inhalado	inspiração	흡기	呼吸器系	10
がすこうかん	ガス交換	Gas exchange	气体交换	intercambio de gases	troca de gases	가스 교환	呼吸器系	11
こきゅうきけい	循環器系	A cardiovascular system	循环系统	sistema circulatorio	sistema circulatório	호흡기계	循環器系	12
けいどうみゃく	頸動脈	A carotid	颈动脉	(vena) carótida	carótida	경동맥	循環器系	13
じょうだいじょうみゃく	上大静脈	A precava	上腔静脉	vena cava superior	veia da cava superior	상 대정맥	循環器系	14
じょうこうだいどうみゃく	上行大動脈	The upper line aorta	升主动脉	aorta ascendente	aorta ascendente	상행 대동맥	循環器系	15
かんじょうどうみゃく	冠状動脈	Coronary arteries	冠状动脉	arteria coronaria	coronário	관상 동맥	循環器系	16
しんぞう	心臓	A heart	心脏	corazón	coração	심장	循環器系	17
だだいじょうみゃく	下大静脈	A descending vena cava	下腔静脉	vena cava inferior	veia da cava inferior	하 대정맥	循環器系	18
かこうだいどうみゃく	下行大動脈	The lower line aorta	降主动脉	aorta descendente	aorta descendente	하행 대동맥	循環器系	19
だいたいどうみゃく	大腿動脈	A femoral artery	大腿动脉	arteria femoral	artéria femoral	대퇴 동맥	循環器系	20
だいたいじょうみゃく	大腿静脈	A thigh vein	大腿静脉	vena femoral	veia femoral	대퇴 정맥	循環器系	21
さしんしつ	左心室	The left ventricle	左心室	ventrículo izquierdo	ventrículo esquerdo	좌심실	循環器系	22
さしんぼう	左心房	The left atrium	左心房	atrio izquierdo o aurícula izquierda	artério esquerdo	좌심방	循環器系	23
うしんしつ	右心室	The right ventricle	右心室	ventrículo derecho	ventrículo direito	오른쪽 심실	循環器系	24
うしんぼう	右心房	A right atrium	右心房	atrio derecho o aurícula derecha	átrio direito	오른쪽 심방	循環器系	25
しんけいけい	神経系	Nervous system	神经系统	sistema nervioso	sistema nervoso	신경계	神経系	26
だいのう	大脳	The cerebrum	大脑	cerebro	cérebro	대뇌	神経系	27
しょうのう	小脳	The cerebellum	小脑	cerebelo	cerebelo	소뇌	神経系	28
えんずい	延髄	The hindbrain	延髓	médula oblongada o bulbo raquídeo	medular	연수	神経系	29
せきずい	脊髄	The spinal cord	脊髓	médula espinal	medula espinhal	척수	神経系	30
ろっかんしんけい	肋間神経	An intercostal nerve	肋间神经	nervio intercostal	nervo intercostal	늑간신경	神経系	31
せいちゅうしんけい	正中神経	Median nerve	中心神经	nervio mediano	nervo mediano	정중 신경	神経系	32
だいたいしんけい	大腿神経	A femoral nerve	大腿神经	nervio femoral	nervo femoral	대퇴 신경	神経系	33
いんぶしんけい	陰部神経	The pubic region nervous system	阴部神经	nervio perineal	nervo pudental	음부 신경	神経系	34
ざこつしんけい	座骨神経	A sciatic nerve	坐骨神经	nervio ciático	nervo ciático	좌골 신경	神経系	35

資料３

（１単元）１．私たちの健康のすがた

１．つぎの（　　　）に適切な語句を入れて、文を完成させなさい。

（１）わが国の平均寿命は、1900 年代初期まで低い水準にとどまっていましたが、その後、急速にのび続け 2003 年では男性（　　　　）年、女性（　　　　）年と（　　　　）となっています。

（２）わが国における健康水準の向上は、栄養状態や衛生状態の改善を可能にした（　　　）・（　　　）の発展や、医療の進歩をはじめとする（　　　　）の発達によって達成されたといえます。

（３）わが国では、1900 年代の半ばまでは（　　　　）で死亡する人が多くみられましたが、現在では（　　　）・心臓病・脳卒中で死亡する人が全体の 60 %を占めるようになっています。

（４）わが国の社会が豊になったことによって、栄養状態や衛生状態は改善され、感染症は減ってきましたが、（　　　　）にみられるように、その豊かさが（　　　　）や（　　　　）という形でマイナスに作用することもあります。

２．近年のわが国の疾病傾向を見た場合、減っている病気、増えている病気にはどんなものがありますか。下の空欄に書き出してみよう（教科書ｐ９図３参照）

○減っている病気	○増えている病気

３．次の語句について、説明しなさい。

①平均余命

②平均寿命

≪研究課題≫

小学校低学年のころなどにうけた「ツベルクリン注射」「ＢＣＧ」そして、「エックス線撮影」。これらはなんのためにうけたのだろ。

第6章 生徒による学び合いをめざした授業づくり

——国際文化系列科目「多文化交流体験」「国際理解入門」

（山下　誠）

1．はじめに

鶴見総合高校に赴任した2005年4月，私は激しく戸惑っていた。学校改編により統合していまだ2年目の本校は，カリキュラムも学校行事をはじめ何から何までが流動的で，握りしめも手を放すこともできない，ゆで始めの卵のような混沌のなかにあり，なるほど総合学科の“総合”というのは，“種々なものが雑居している”という意味なんだと納得することで，何とか精神の均衡を維持していた。おまけに，廊下のかなたにかたまっている異言語で声高に話す生徒たちが，圧倒的な存在感を示していて，それこそ眩暈せんばかりであった。そんな私が，この混沌こそが新しい学びの揺籃であり，外国にルーツを持つ生徒たちがその学びに深みと奥行きを与えてくれる存在だと分かるまでには，少なからぬ時間が必要であった。

2．国際文化系列の位置づけ

国際文化系列科目「多文化交流体験」が6名の履修者により初めて開講されたのは，筆者が着任2年目の2006年のことで，担当は，学校の統合改編時からカリキュラムづくりにかかわったS教諭であった。そして，希望者少数のため未開講であった2007年を経て翌2008年には筆者が担当することになった。当初は，戸惑いのなかで引き継いだ授業内容をなぞっていたが，やがてこれにアレンジを加えながら取り組むうちに，赴任当時から感じていた混沌のなかに，ある方向性が見え始めていた。時あたかも創立以来5年間の取り組みを整理する『研究収録』の国際文化系列の章を筆者が担当することになり，職員からの聞き取りや本校での若干の経験をもとに，何とかまとめた。この作業は，学校改編当時に在任しなかった筆者には過ぎた任務であったが，この作業をとおして，国際文化系列および「多文化交流体験」をはじめとする科目群を，本校の教育活動全体のなかに位置づけることができたという意味で，自分自身のなかにとっても大きなエポックともなった。以下に，その内容を転載する。

①系列設置の経緯と趣旨

四次報告では，「……国際化……等，産業・就業構造の変化により適切に対応できるように学科を再編」することが必要なので，「新たな学科を設置することが適当」とし，新たな学科における総合選択科目群の種類として「国際協力系列」を例示しつつ，「その種類及びその科目構成については地域や生徒の実態を考慮しつつ設置者及び学校が定めること」としている。「国際協力」といった場合には，第一義的には国内とは離れた海外の国・地域を対象に対する協力を意味するのが通常であるが，一方で近年，足元における国際化に目を向けるべきだとする考え方もある。そこで，本校開校にあたっては，新渡日の外国出身者が多く居住する地域に立地するが故に外国につながる生徒が多数在籍する現状に鑑み，それら生徒と日本にルーツを持つ生徒の共生空間を校内に実現することに主眼をおいて，「国際文化系列」を設置することとした。つまり，まずは足元の，内なる異文化に目を向けるのが，本校において意味する「国際」であり。授業においてフィールドとされる地域も，鶴見川崎地区に居住する外国につながる人びとルーツとする国・地域により重点をおいている点に，大きな特徴がある。

②系列科目設置の趣旨

さて，国際文化系列科目は当初10科目であったが，平成18年度に韓国朝鮮語が新設されて，現在教育課程表上文化領域7科目，言語領域4科目となっている。科目の学習内容及び対象とする生徒層からみると，矢印の方向に向かうほど，いわゆる「内なる国際」に比重をおく科目であることを示している。

領域	科目
文化領域（↓）	旅する地理
	世界の文化と暮らし
	鶴見川崎研究
	国際理解入門
	多文化交流体験
	日本文化体験
	話し言葉を磨く
言語領域（↑）	日本語
	ポルトガル語
	中国語
	韓国朝鮮語

言語領域をとってみると，「日本語」は，専ら日本語を母語としない生徒を対象に，主として日本語の「読む・書く」を扱う科目である。そして，同生徒が日本語の「聞く・話す」技能を身につけ，あわせて日本語母語生徒が「話し方・聞き方」のスキルを向上させる，そういった両者の学び合いの場を目指したのが「話し言葉を磨く」である。

ポルトガル語は，前身の寛政高校に日系ブラジル人子弟が多く在籍する中で，同生徒の母語保障という観点から現在の上級にあたる講座から出発し，中国語も同様な観点から新校移行前年に設置されたものである。その後，両科目ともに外国語として初級講座を，翌年に発展講座としてそれぞれ中級講座を設置している。一方，開校2年目に外国語（韓国語）の免許を保持する専任教諭が着任したことをきっかけに韓国朝鮮語を設置した。

文化領域にあっては，外国にルーツを持つ生徒が言葉だけでなく日本の文化にも親しむとともに，日本人生徒が自文化を再認識するための学びあいの場としての「日本文化体験」，また，鶴見・川崎・横浜地区に住む外国にルーツを持つ人々を講師として，当該地域・国の文化を共有する場である「多文化交流体験」という体験型の科目を設置している。これら2科目は，冒頭に述べたように外国につながりのある生徒が多数在籍する本校の教育資源を生かしたものである。また「鶴見川崎研究」も，フィールドワークを中心に地元鶴見川崎地区を捉えなおすという，地域の教育力を生かした科目といえよう。

以上の科目群が「内なる国際」が国際性の深まりを促すものとすれば，「世界の文化と暮らし」と「旅する地理」は，そのフィールドを世界にもとめ，「外なる国際」が国際性に広がりをもたらすという点に主眼を置いた科目と位置づけることができる。

3．「多文化交流体験」の実施状況について

前項にも示した通り，「多文化交流体験」は，“鶴見・川崎・横浜地区に住む外国にルーツを持つ人々を講師として，当該地域・国の文化を共有する場（『研究収録』）”として設置された。当地域に住む人々がルーツとする地域は，主として韓国・朝鮮，中国，フィリピン，南米で，また国内ではあるが歴史的に見ても異文化地域といえる沖縄にルーツを持つ人々も多い。したがって，「多文化交流体験」で取り上げるのもこれら5地域で，それぞれがひとつの単元を構成している。各単元の内容は，当該地域の地理・歴史・文化に関する知識・理解を中心とした事前学習，講師を招いての講話・実習などの体験学習，そしてまとめのレポートづくりで構成されている。

2008年度の学習内容は以下のとおりで，基本的には2006年度に行われた内容に沿っているが，当年度の新たな取り組みとして，“外国につながりのある生徒が多数在籍する本校の教育資源を生かし（『研究収録』）”“外国につながる生徒と日本にルーツを持つ生徒の共生空間を校内に実現する（『研究収録』）”ことをめざして，当該地域出身の本校生徒が講師として自文化を紹介する授業を行うことにした。

「フィリピン人の文化」単元では，フィリピン出身生徒4名が，フィリピンの世界遺産や食文化についてまとめ，紹介する模造紙資料を作成してプレゼンテーションを行った。あらかじめ事前学習で調べていた内容が，現地出身の生徒から紹介されることで，生きた情報として認識される

せいか，打ち解けたなかにも真摯なやりとりが交わされた。その後に行った「フィリピンボックス」のアクティビティーでも，フィリピンの生徒が実際に使っていた経験に触れることにより，身近に感じることができた様子であった。

「在日中国人の文化」単元では，中国出身の生徒が，自分の住んでいた町について，帰省時に撮影した画像などを用いてプレゼンテーションを行った。一見平凡な都市の光景であるが，受講生たちは，日本との共通点や違いを見出しながら，身を乗り出すように耳を傾けていた。とくに，彼らがすごした中国での学校生活には，強い関心があるようであった。

	単元	学習項目	学習内容
前期	日系ブラジル人の文化	事前学習	日系ブラジル人の歴史と現在
		体験授業	ブラジル料理づくりとお話（マルシアさん）
		振り返り	レポート作り
	沖縄の文化	事前学習	沖縄の歴史と現在（沖縄出身の有名人，『さとうきび畑の唄』）
		体験授業	三線体験と沖縄戦のお話（大城さん）
		振り返り	レポート作り
	在日韓国人の文化	事前学習	日韓関係史と現在（美容大国韓国）
		体験授業	チャンゴ演奏体験とお話（金貞姫さん）
		振り返り	レポート作り
後期	フィリピン人の文化	事前学習	日フ関係史と現在（リゾート地，世界遺産）
		体験授業１	フィリピン料理づくりとお話（ローズマリーさん）
		体験授業２	鶴総フィリピン出身生徒のお話とフィリピンボックス
		振り返り	レポート作り
	在日中国人の文化	事前学習	日本から直行便で行ける中国の利
		体験授業１	鶴総中国出身生徒のお話
		事前学習	横浜開港と中華街
		体験学習２	関内地区フィールドワーク
		事前学習	意外に知らない中華街
		体験学習３	横浜中華学院訪問
		振り返り	レポート作り

これらの授業活動をとおしてもっとも印象的だったのは，講師役になった生徒たちが，一様に意気揚々と発表している姿であり，また，彼らの言葉に聞き入る受講生の姿であった。考えてみると，彼らは，自分のルーツについて，きちんとしたかたちで語ったことも聞いてもらったこともなかったのかもしれない。つまり，それぞれが背負っている文化を，異文化として前面に打ち出したり受け止められた経験がないのである。

外国にルーツを持つ生徒がすぐ身近に，かつ多数いる本校の環境は，生徒間に“国は違っても同じ”高校生であるという意識にもとづく安定をもたらすが，一方で，“違い”が捨象されてしまうことにもなる。本来豊かなはずの“違い”を意識する機会を，授業活動のなかに得たのが今回の成果であった。

4．「国際理解入門」の実施状況について

「国際理解入門」は，「地域社会の国際化」と「日本と世界のつながり」をテーマとする国際文化系列における基礎的な科目である。2011年度の履修者は1～3年次を合わせて39名で，外国につながりのある生徒もおよそ3分の1程度を占めている。校外学習をスムーズに進めるため，授業は水曜午後の時間帯に配置している。2講座を同時に展開しており，授業準備は2名の教員が協同して行っている。

実施状況

単　元	おもな学習内容	形　態
1. 地域社会の国際化を知る	・外国人登録者数（日本，鶴見区） ・鶴見フィールドワーク ・多文化スポットベスト3	講義 フィールドワーク 意見交換，発表
2. 外国につながる人たちの歴史と生活を考える	・外国人移民と日本社会 ・外国人の子どもたちの教育 ・フィリピンと出会おう（お話，料理，遊び）	講義，ビデオ 講義，ビデオ ゲーム，インタビュー
3. 文化祭の展示作品を作る	・テーマ設定，夏休み中の準備 ・レポート作成 ・模造紙へのまとめ	説明，研究 調査，研究 作品制作
4. 日本と世界のつながりを考える（その1）	・日系移民の歴史 ・海外移住資料館見学 ・振り返り（日系移民と在日外国人の共通点，相違点）	講義，ビデオ 見学 意見交換，発表
5. 日本と世界のつながりを考える（その2）	・世界がもし100人の村だったら ・貧困はどこから ・ユニセフハウス見学と振り返り	講義，ビデオ グループワーク，発表 見学
6. 鶴見多文化マップを作る	・グループ分け，紹介スポットの設定 ・紹介スポットについての調べ学習 ・多文化マップの作成	説明，ビデオ 調査，研究 作品制作，発表

写真　2011 年文化祭掲示物より

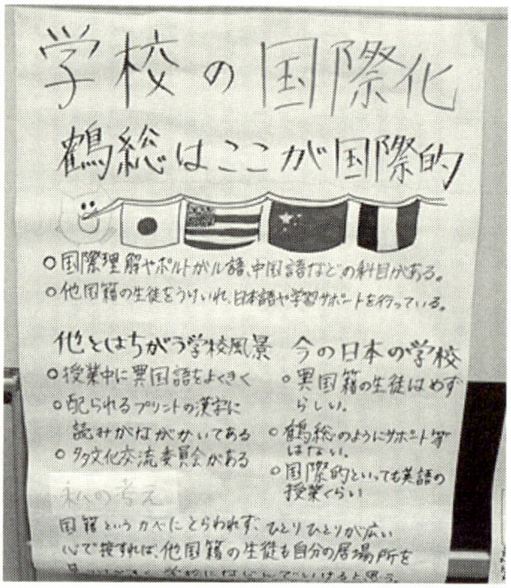

①系列科目「国際理解入門」

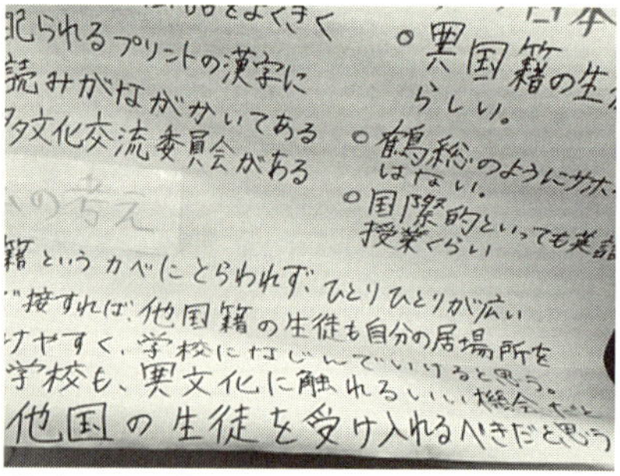

②系列科目「国際理解入門」

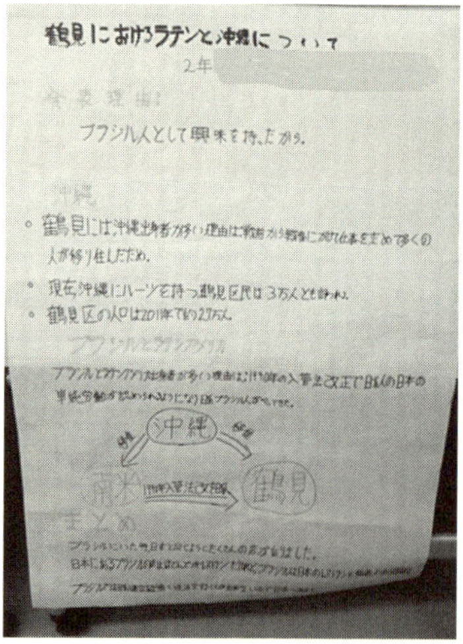

③系列科目「国際理解入門」

④国際文化系列の授業の部屋

成果と課題としては，以下のことがいえよう。

まず成果としては，単元ごとのまとめに工夫を加えた結果，学習内容を多面的に捉え，情報を発信する力を身につけることができた。また外国につながりのある生徒が，学習内容と自らのルーツを結びつけながら積極的に授業に参加する姿が見られた。

課題としては,「地域社会の国際化」を考えるにあたって,これからの社会を担う高校生の視点からの課題解決,提言型の学習活動を盛り込むことも必要であると感じた。なお評価にあたっては,定期試験を行っていないが,学習内容の定着を図るため,簡単な確認テストを実施することも必要である。

5. おわりに

3. でも述べたように,じつは本来豊かであるはずの「違い」が捨象され埋もれてしまう傾向は,日本人生徒どうしの場合ではより顕著で,結果的に自己のアイデンティティを確立できずに浮遊する生徒を生み出しがちである。「多文化交流体験」や「国際理解入門」において,外国文化という比較的“わかりやすい違い”を認識することが,もしかしたらそういった高校生をとりまく全体的な閉塞状況に風穴を開けるきっかけにもなるのではないかと思う。そしてさらには,習得した知識技能を活用し課題を探求するという総合学科教育の学びを,さらに深めることになるのではないかという予感は,日に日に確信に変わりつつある。

第7章　母語・母文化保持の大切さ

――ポルトガル語の授業をとおして

（本多　エステル ミカ）

はじめに

2009年から鶴見総合高校の非常勤講師としてポルトガル語を教え始め，今年で4年目になる。母国ブラジルで人にものを教えるという経験はあるものの体育教師だった私にとって日本の学校で高校生に，しかもポルトガル語を日本語で……という何もかも初めてづくしのなか、鶴見総合高校での1年目の手探り授業を始めた。

手探り？でもポルトガル語はあなたの母語でしょう？といわれるかも知れないが，教えるにあたり市販されているテキストを頼りにしようと思い書店を歩き回ったが，高校生のレベルにあわせたテキストがなかったのである。したがって，テキストは自作している。4年目になるとテキスト作りも簡単そうだと思われるかもしれないが生徒のレベルや興味の度合いを考えると前年と同じものを使用する訳にはいかなくなる。テキスト作り……。これがポルトガル語を教えるに当たっての最大の難関であり，今も授業の前日まで苦しんでいる。楽しみながら……。

日本の教育に携わるのも初めてだった私は，何も知らないまま日本人と外国籍の生徒に同時にポルトガル語を教えることになった。不安で仕方ない。鶴見総合高校の教育のコンセプトを聞き，担当する先生と話し合った。とことん聞いて良かった。同校には外国籍の生徒の受け入れ枠が大きく，彼らをサポートする姿勢がある。日本で数少ない学校だと思った。

実際，鶴見総合高校には外国籍の生徒の数が多い。外国籍の生徒たちは普通に母語で話をしているが，日本の生徒たちはこれを違和感なく自然に受け入れている。

外国籍を有する私はこの点についてうれしく感じた。先生たちも彼ら外国籍の生徒たちを全面的にサポートする姿勢を積極的に見せているし実行している。来日して間もない日本語のできない外国籍の生徒たちには，彼らのために日本語の授業が準備されている。外国籍の生徒は安心して登校できる。この高校では外国籍の生徒たちに日本の生活へスムーズに馴染ませるようにし，日本でのカルチャーショックを最小限に抑えられる手立てを十分に講じていると感じた。

この環境を含め，私にとっても，鶴見総合高校のシステムはありがたいものであった。とくにポルトガル語を教えることについては，私にすべてを任せてくれている。本当にありがたいことだと感謝している。

1．テキスト作成

冒頭で書いたとおり，ポルトガル語のテキストを作成するに当たり，私は楽しみながら苦しんでいる。苦しむ理由は単純である。学校用としてのポルトガル語のテキストがないからである。そのため，テキストを作成するため膨大なほかのテキストと資料を参考にしている。とくに頼りにしているのは，母国ブラジルで使用されている教材。あとは以前小学校で教えていたときを思い出し、そのなかから教えるためのヒントや参考になる資料を紐解きながら自作のレッスンを構成している。

生徒は毎年同じ人間ではないので，その年の生徒のレベルとポルトガル語への興味の度合いに合わせて教材を変えている。現在，レッスンを構成するために使用しているメイン教材は『ブラジル人による生きたブラジル・ポルトガル語（兼安シルビア典子著）』，『ブラジル・ポルトガル語を学ぼう（田所清克・伊藤奈希砂著）』である。その他の資料はポルトガル語の絵本，新聞，雑誌であり，メディアはポルトガル語DVD，音楽などである。

テキストを作成するにあたり一番配慮している点は，高校生に教えるのだというポルトガル語のレベルを考えて参考資料を分解し，説明を単純化することである。つまりはできるだけわかりやすいものを作って生徒に配るようにしている。そうそう，いい忘れたが，楽しんでいるのは自作したテキストを使って授業を進めていくなかで，生徒たちが興味を持ったとき理解したときの目の輝きを想像するからである。

2．授業で大切なこと

ポルトガル語の授業は入門（初級），発展（中級），母語（上級）の三種類である。

ポルトガル語の授業を選択した生徒の希望動機はさまざまである。「ブラジルのことが知りたい」「ポルトガル語に興味がある」「英語じゃない言語を学びたい」「ポルトガル語で会話をしたい」「ブラジルへ行きたい」「ブラジルの歴史・音楽に興味がある」「ブラジルの友だちと話をしたい」「母国語を忘れたくない」「会話に力を入れたい」「読み書きができるようにしたい」など，希望した生徒の数だけの動機がある。

生徒のすべての要求に応えることはできないが，できる範囲のなかで，できる限り生徒たちの要求を満たせるように，ポルトガル語のレッスンを構成している。外国籍の生徒は，フィリピン，中国，韓国，インドネシア，ペルー，ボリビア，ブラジルなど多国籍である。レッスンのなかで彼らに問いかけるのは，ブラジルではこう考えるけど，あなたの国ではどう考えるの？ということである。彼らは母国を愛している。なので，彼らも母国のことを知ってもらいたくて発言をしてくれる。それは私にとっても生徒の母国を知ることが大事なことになる。そして彼らは話すこと表現することで，母国に対する誇りを持ち他国の生徒の話を聞くことでお互いの，いやお互いの国を理解し，授業をとおして国際交流を図り多文化に触れる時間が持てると考えている。

これは「さまざまな国や地域の歴史・文化・言語を学び，それぞれの風俗・習慣の違いを理解するとともに地域との多文化交流を通じて，相互協力の心を育み国際社会の一員としての必要な能力と資質を養う」という鶴見総合高校の国際文化系列に属する言語学習の目的と合致する。

当然に言語の授業なので文法を理解し，会話ができるようにするという最大の目的はある。しかし我々もそうであったように文法などは面白いと感じない。最大の目的を達成する入口は興味を持たせること，楽しいと思わせること，次の授業が待ち遠しいと思わせることである。だからワンレッスンのなかには必ずブラジルの文化・歴史・社会の話とブラジルの音楽を入れている。90分という授業で生徒たちが退屈しないように授業の内容を大幅に変えたりする。

ビジュアルに訴えるのも生徒に興味を持たせる秘訣である。映像をとおしてブラジルの自然，社会，人種，文化，音楽と，日本にとっても欠かせない移住の歴史を生徒に見せる。生徒が興味を持ってくれるのは，私自身が体験した話である。ブラジルで生まれ育ち，生活した話はもちろん，一番聞きたがるのは，やはり外国籍の私が日本に来てから体験したことである。日本に来て困ったこと感心したこと，とくに日本とブラジルについて違いを話すと生徒は熱心に聞いて，質問をしてくれる。

できるだけ生徒の質問や興味のあるテーマを話題にしていく。そして生徒の考えや意見を聞く。このとき私は日本の生徒にとっては一外国籍の人間，外国籍の生徒にとっては同じ異邦人となる。その瞬間授業が一方的で押し付けたものではなく，同じテーマをシェアしさらにテーマが発展し情報交換，国際交流が自然と成り立つのである。

授業にやる気を持たせる秘訣は……いや，秘訣でも何でもないかもしれないが，彼らが頑張っていれば結果は問わず褒めることである。身体は大人の高校生でも彼らは純粋である。恥ずかしがりながらも目の輝きが違ってくる。そして最終授業では，ブラジルの料理を作り一緒に食べることにしている。彼らと私の最大の楽しみである。できあがった料理は彼らに対する私の感謝の印である。そう，私も彼らから学んでいる。

3.「課外授業」の重要性

「課外授業」といっても具体的にそのような単元があるわけではない。なんのことはない授業後の休み時間などの会話のことである。彼らにとっては「相談の時間」になるのかもしれない。私に慣れてくるにつれ，この課外授業の時間が長くなる。彼らは私にいろいろな質問や話をしてくれる。

相談の内容はさまざま。国を問わず自分の悩み将来の話。自分はこれからどうしたらいいか？自分のやりたいことがわからず，日本でどうやって生きていけばいいのかなどの不安を抱える生徒は多い。生徒の不安を少しでも取り除くことができればと思い，話を聞く。

彼らが不安や胸に持つ「もやもや」みたいなものは，授業中にも感じることができる。彼らの顔つき……，目線……，動き……，前回とは違う表情がそこにある。授業中私は教えると同時に，彼らの身体状況や精神状態を確認しているつもりである。なかなか自分から話を切り出せない性格の生徒には，授業後に声を掛けるようにもしている。声を掛けた生徒のほとんどは，悩んでいることをすぐに素直に話し始める。

外国籍の生徒の悩みは，日本の生活に馴染めないことを皮切りに，「学校の注意事項が理解できない」「家族に届いた書類の内容の確認」「在留資格の更新の手続き」などで，個人的に抱えている不安・悩みになる。

私に相談してくるのは，母語で話すことができるからだと思っている。かつての私がそうだったように，母語で相談できることが彼らにとって安心できることであり，それだけで自分の気持ちを理解してくれる人だと思ってくれるのである。

相談には私が来日したときに困ったこと，痛感した経験を生かしてできる限りわかりやすい内容でアドバイスすることに心がけている。大人になれば何でもないこと普通にできるようなことが，彼らにとっては一生を左右するような悩みだったりするのは，日本の子どもたちも外国籍の子どもたちも変わらない。相談のなかで，逆に生徒から情報をもらうこともある。一方的な働きかけや問いかけではなくお互いに情報交換をし，考え方をぶつけ合い，問題解決に繋げる。大事なのは生徒の気持ちになって相談に乗ること真剣に聞くことで，心を少しでも軽くできるように心がけることである。

この課外授業……。私にとってもメリットがある。それは，彼らとの信頼関係が築けることであり，それは本授業に繋がるものである。

4．生徒に伝えたいこと

1年間のポルトガル語の授業を通じて一番生徒に伝えたいことは，1人の人間として生きていける力，社会に溶け込める柔軟性，視野の広さであり，国際交流，国を問わずどこでも生きていける心の広い人間になってほしいということである。

どの先生も同じ気持ちで生徒たちと接していると感じる。私の場合は自分が外国籍であるメリットを生かし，生徒全般に少しでも役に立てるのであればうれしい。外国人でも日本で普通に生きていける喜びを伝えられたら幸いと考えている。

鶴見総合高校での3年間をとおして生徒とともに私も成長している。生徒たちに心から感謝している。私にまだ知らないものを見せてくれる。生徒と過ごす90分は私にとって最高に幸せな時間である。

いつか……，大人になった彼らに，どこかで逢ってみたい。それを楽しみにしている。

おわりに

2011年3月11日……。日本は大きな不幸に見舞われた。今もその傷跡は癒えない。地震直後ひとつの選択としてブラジルへの一時帰国を考えていたとき，父に電話でいわれた。

「あなたがブラジルへ戻ることは良くないと思う。あなたを受け入れた日本が今一番大変な時期に逃げることは，父親として寂しい。まずやることをやって落ち着いてから戻ってきなさい。気持ちをしっかり持って人の役に立ちなさい」

日本は，私を温かく受け入れてくれた国。父の言葉を胸にこれからも鶴見総合高校で生徒たちと成長したいと思っている。

第8章　国際比較：アメリカにおける多文化教育の実際

——カリフォルニア州公立高校の事例から

（小林　宏美）

1．カリフォルニア州の多文化教育

本章では，教育現場における多文化教育の実践において豊富な経験を有するアメリカの学校を事例として紹介することで，多文化教育の理論や概念を教育現場でどのように適用実践していくのかの手がかりを得ることを目的とする。対象校は，筆者が2010年にアメリカで実地調査をしたカリフォルニア州ロサンゼルスにある2つの高校[1)]である。

(1)制度化された英語能力が不十分な生徒に対する教育

カリフォルニア州には英語能力の不十分な生徒（English Learners，以下EL生徒）[2)]が非常に多い（California Department of Education, 1999）。2010年度，カリフォルニア州の公立学校に在籍するEL児童生徒数は約105万人（全児童生徒の17%）[3)]であった。同州のEL児童生徒への教育はある程度制度化されているといえよう。具体的にはまず，カリフォルニア州教育法でEL児童生徒に対して，特別な教育プログラムを実施することが規定されている（California Department of Education, 1999）。たとえば，ELD（English Language Development）[4)]と呼ばれる英語の特別クラスや，児童生徒の母語を使って

1）2010年3月にロサンゼルスにある2つの公立高校を訪問し，授業観察，ならびに教師やバイリンガル・コーディネーターらへの聞き取り調査を行った。
2）EL生徒の定義は，英語が母語ではない生徒で，英語を学習している者である。
3）幼稚園から第12学年に相当する学年の合計人数である。
4）一般にESL (English as a Second Language，第二言語としての英語) と呼ばれるクラスのことである。

英語や教科を指導する二言語プログラム[5]などがある。また，入学した生徒がEL生徒かどうかの判定方法や規準も明確化されている。ロサンゼルス統合学区（Los Angeles Unified School District, 以下LAUSD）では，標準化されたプレースメントテストが存在する。さらに，EL生徒のために開発された共通の教科書が学区によって認定されている。そして，教師はEL生徒を指導するための資格が求められ，その資格を得るために大学や学区の教育機関が提供する所定のコースを受講するか，一定の単位を取得する必要がある。

⑵ 2つの高校の概要

まず初めに，本章で取り上げる公立高校2校について概要を紹介する。A校はロサンゼルス市の西方に位置し，2008年度生徒数2,682人であった。一方，B校は同市ダウンタウンに隣接する生徒数1,472人の高校である。A校，B校ともに白人，黒人，アジア系，ヒスパニック系など多様な人種民族的背景を持つ生徒が多数在籍しているが，そのなかで最多を占めるのがヒスパニック系の生徒（A校は約54%, B校は約9割を占めた）である（Los Angeles Unified School District, LAUSD School Profile）。

A校，B校ともにEL生徒が多数在籍していた。A校のEL生徒は全体の18%であったのに対し, B校は47%でおよそ2人に1人である（California Department of Education, Educational Demographics Office, Language Census）。2004年度以降の推移を見ると，A校のEL生徒は2004年度の26%から着実に減少傾向にある。他方，B校はロサンゼルス市中心部に近く，新来の移民の流入が多い地区にあるため，英語を話せない生徒の転入が絶えない。B校は2007年度までは生徒数4,000人を越える大規模校だったが，2008年度にB校の過密状態緩和を目的に建設中であった新設の高校が近隣に開校し，そこに生徒が吸収されたため，生徒数が約1,472人に減少した。

A校の無料・減額ランチ受給者割合[6]は67%で，LAUSD全体（75%）を下回るのに対し，B校は86%とLAUSD全体を上回っていた。この数

5）二言語教育とは，英語が不十分な児童生徒を対象に英語と英語以外の言語を使用した教育活動である。アメリカでは1968年に最初の二言語教育法が制定され以来，長い歴史がある。
6）無料・減額ランチ受給者（Free/Reduced Price Meals）とは，貧困家庭の児童生徒に対して学校のランチを無料で提供する社会福祉施策の1つである。

字はB校がヒスパニック系移民コミュニティにあり，新来の貧しい移民が多いことと関係していると考えられる。

2008年度，両校におけるEL生徒はスペイン語を第一言語とする者が最多で，A高校359人（EL生徒の73%），B高校654人（同94%）であった。

次に，2007年度の中退率を見てみると，A校18%，B校39%であった（Los Angeles Unified School District, School Accountability Card Report）。B校はLAUSD全体の中退率（26%），カリフォルニア州全体の中退率（19%）より高い。中退するリスクを高める要因には，家庭の貧困，英語の熟達度，学校での成績，社会関係資本[7]などがあるという（バトラー，2009）。B校の中退率が高い要因として，まずEL生徒の割合が47%と英語力の乏しい者の多いことが挙げられる。また，自分の子どもの学業継続を支援するために必要な知識や情報，英語力，教育などの資源を保護者が持ち合わせていないために，子どもの学業継続が困難であることが推測される。さらに，移民家族に目立つ複雑な家庭事情も影響していると思われる。B校のA教師は，「ほとんどの子どもたちの家庭は複雑で，なんらかの問題を抱えている。小さい頃は母国で祖父母と一緒に暮らしていて，大きくなってアメリカに呼び寄せられたために親との関係で悩んでいる子どもや，朝方まで働いている生徒，在籍中に妊娠・出産のため休学し，復帰してきた女子生徒など，それぞれが問題を抱えている」と語っており，移民家族の不安定な家族関係も陰を落としているようだ。

⑶ EL生徒に対する教育プログラム

カリフォルニア州の公立学校で，EL生徒が受けている教育プログラムは以下の通りである[8]。

1. English Language Development (ELD)

生徒の英語能力レベルに応じた英語教育プログラムで，英語のリテラシー向上を目標とする。

7）社会関係資本（social capital）とは，人脈・人間関係に関する資本のことで，たとえば保護者の両方と一緒に住んでいるか，保護者が学校の勉強を見てやっているか，兄弟姉妹の数，兄・姉で大学に進学している者はいるかなどである。

8）California Department of Education, Educational Demographics Unit 〈http://dq.cde.ca.gov/dataquest/，アクセス日：2012年7月16日〉。

2. ELD and Specially Designed Academic Instruction in English (SADIE)

ELDに加えて，英語以外の必須教科について少なくとも2科目をSADIEを通じて指導する。SADIEでは，授業は英語で行うが，特別に考案されたプログラムを用いる。

3. ELD and SADIE with Primary Language Support

ELDに加えて，英語以外の少なくとも2科目について，必要に応じて生徒の母語を用いて指導する。授業はおもに英語を使って指導するが，語彙や概念などの意味を明確化し，生徒の理解を助ける場合などに生徒の母語を使って説明する。

4. Not Receiving any English Learner Services

特別な教育プログラムは提供していない。

A校では，ELDのクラスのみを受けているEL生徒がほとんど（96%）であった（California Department of Education, Educational Demographics Unit）。一方，B校では，ELDに加えて，教科を少なくとも2科目SADIEを通じて受けている者が最も多い（48%）。次に多いのが，ELDやSADIEを含まないプログラム（22%）である。その次が，ELDだけを受けている生徒（16%）である。ELDのクラスに加えて，教科を少なくとも2科目で生徒の母語による指導を織り交ぜた授業を受けている者は78人（11%）であった。

2. 高校におけるEL生徒への教育の実際

(1)教科の理解につながるESLカリキュラムと教材

先述のように，カリフォルニア州ではEL生徒に対する教育は比較的制度化されている。たとえば，LAUSDのカリキュラム及び教材は，EL生徒の英語力向上だけなく，教科の理解促進を目指した教育方針が採用されており，その端的な例の1つがEL専用の教科書の存在であろう。

筆者の訪問時，A校及びB校ではEL生徒用の教科書として，Hampton-Brown社の“High Point”シリーズが使われていた。A校のK教師は教科書について，「私たちのカリキュラムの教科書は，英語だけでなく教科を教えるようにデザインされている」と語っていた。実際，教科書の各ユニットには「語彙」「構文」「読解」「作文」などのほか，最後の方に社会や数学，科学などの教科と関連づけて学習できる「教科内容との関連性（Content Area Connection）」のレッスンが掲載されている。しかし，この“High Point”の教材については，教師の間で賛否両論あるようだ。別の教師は，“High Point”の教材の内容は中学校向けなので，高校の授業には適さないと思うと話していた。

⑵生徒どうしの学び合いの環境づくり

Freeman and Freeman（2001）は，第二言語学習者が授業中に社会的交流（social interaction）あるいは共同学習（cooperative learning）[9]に参加することの有用性を主張している。多様な文化的背景を持つ生徒が在籍するクラスでは，授業運営において生徒の多様性をいかに活かしていくかが重要な課題の1つとなる。共同学習では個々の生徒の持つ多様な経験や知識，関心が，グループ内で学習を進める上で貴重な資源となりうる。このような学習方法は，英語が十分ではない生徒にとってとりわけ重要である。なぜなら，共同学習では英語話者の生徒と非英語話者の生徒が，グループ活動を通じてコミュニケーションを図ることで非英語話者の英語の読み書き能力の向上が期待できるし，非英語話者は自分の知識や経験をグループ活動に生かすことで自信が生まれる。このような学び合いを通して，英語話者，非英語話者双方が文化的背景の異なる者に対して肯定的な態度を育むことができるのである。

B校のESL-1[10]というクラスでは，共同学習が学習形態の中心となっていた。クラスを半々の5人ずつに分け，机を円形に並べて授業を実施していた。担当のF教師からの聞き取りでは，この学習法を取り入れる意義を次のように語った。

私はこのようなやり方（グループ活動）が好きです。なぜなら，このようなやり方だと，生徒同士話ができるし，お互いに助け合うことができ，学びあうこともできる。ときどき，私の説明が理解できなくても，それを理解している友達が説明してあげることができれば，ほかの生徒の理

9）Freemanらは，他に「collaboration project」「collaborative activities」という用語を使用している。
10）EL生徒はESL-1からESL-4にレベル分けされている。ESL1が初級レベルで，数字が上がるにつれて上級のクラスになる。

解につながります。（中略）それに，生徒たちは友達と会話をしながら課題をこなせるので，楽しく勉強できます。（中略）このようなインタラクティブなやり方は，彼らにとって有効だと思います。

机を円形に並べることで，生徒同士お互いの顔が見やすくなり，学習の理解度が確認しやすくなる。教師の説明が聞き取れない場合は，同じグループの生徒から教えてもらうことが容易になるというメリットがある。もちろん教師は課題をさせっぱなしにするのではなく，こまめに机の間を回り，一人一人の学習状況を確認する時間を十分にとっていた。ときには，生徒の隣りに座って，課題をきちんとこなせているかを確認し，必要に応じて説明を加えていた。

B 校の別のクラス（ESL-3 クラス）でも，ライティングの練習で共同学習を取り入れていた。教師は教科書の内容を理解できているかを確認するためグループ学習を実践していた。クラスを4つのグループに分け，各グループに対して異なる質問を出す。教師がホワイトボード上部に水色のマーカーで質問文を板書していき，そのすぐ下にグループ毎の解答を異なる色のマーカーを使って書き込んでいく。最後に教師が3色目のマーカーを使って，ホワイトボード上で直接添削しながら答え合わせと解説を行っていた。担当のS教師にこの学習法について尋ねると，「かつては，教師が一方的に説明するやり方が一般的だった。学力の高い生徒と勉強が遅れている生徒は分けて指導していたが，現在は，能力の異なる集団を同じグループに統合して指導する方法が主流になっている。」との説明があり，このような共同学習が教師にも広く支持されているようだった。

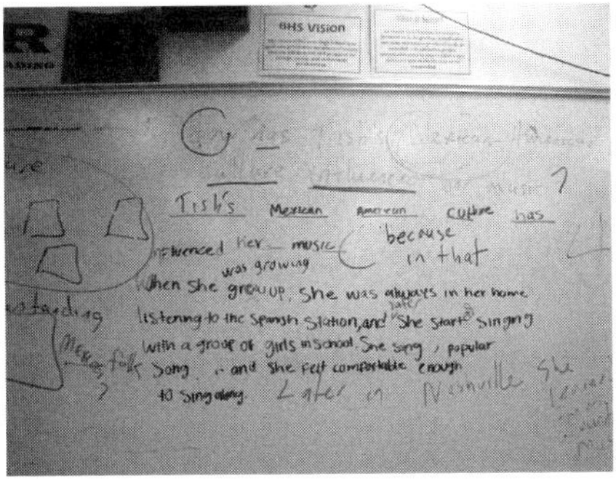

B 校でのライティングのクラスで
ホワイトボードを使った授業

⑶読書の奨励

EL生徒への教育において，読書も重視されていた。たとえば，B高校のESL-1のクラスでは，F教師が教室の一角に図書コーナーを作ってさまざまな図書を展示していた。生徒はこれらの図書のなかから，興味のある本をいつでも自由に借りることができる。クラッシェン（2008）によると，「自由読書（Free Voluntary Reading）」が教育の要になるという。自由読書とは，課題として与えられて読むのではなく，自分が読みたいから読む読書（本を読む楽しみを味わいながら読む）のことである。自由読書はリテラシー（読解力，文章力，語彙，つづり字力）を発達させるが，これは中学・高校の第二言語や外国語の指導についてもいえる。前出のA校のK教師は，自由読書の利点について次のように話していた。

助成金を獲得し，たくさんの本を注文しました。生徒は教科書以外に本を読まないので読書を勧めています。生徒たちはたとえ小説でも，だいたいは非常に難しいのでフラストレーションを感じてしまいます。一般の小説は，ほとんどの場合とても難しいのです。それに比べて，私が選んだこれらの本は厚さも薄く，内容もとても易しいので早く読めます。理解できない単語は少ししかありません。このクラスはとても多様で，このような本を数分で読むことができる生徒もいます。

このクラスでは，教師自身が選定した図書リストを作成して，生徒に渡しているという。

（読書は）語彙の強化に役立ちます。授業で毎日1つの章を読んでいます。本を読まない生徒も多いので，読書を求めています。各1冊を1週間で終わり，1つの章につき，1つの質問をします。前回の授業は，ティーン・ストーリーを読みました。異なるジャンルを用意しています。（中略）ジャンルごとに色分けしたシールを本に貼りつけ，ブック・リストも同じジャンルごとに色分けしています。今後，少し異なるジャンルのものも紹介する予定です。ティーン・ストーリーを最初に読みましたが，それはオレンジのステッカーです。この黄色のステッカーは，アクション・

アドベンチャーのものです。自然と闘う人々についての物語です。こちらはノン・フィクションでブルーのステッカーです。来週読むのが歴史フィクションです。おそらく，あと2，3の異なるジャンルのトピックを紹介することになると思います。

このように，図書リストのジャンルは実に多彩で，小説からノンフィクション，スポーツ，ミステリーに至るまで，生徒たちが飽きずに様々な分野の単語や語彙に触れられるように工夫されている。

B校のESLクラスの図書コーナー

3. 結びにかえて

カリフォルニア州では長い年月をかけて，英語能力が不十分な児童生徒に対する教育プログラムが整備されてきた。法制度面の整備に加えて，教育カリキュラムの改善，教員養成研修などの取り組みなどが実施されてきた。今回調査したA校及びB校でも，州の教育方針にもとづいたさまざまな教育プログラムがEL生徒に対して実施されていた。

両校の特徴として，EL生徒の割合はA校よりB校に多く，無料・減額ランチ受給者世帯の割合もB校で多い。中退率はB校が約4割と高く，卒業率も半数にとどまっている。B校の中退率が高い要因として，新来の移民の多い低所得層居住地域にあることと関連していると考えられる。新来の移民の子どもの英語力は低い傾向にあり，入学先の高校のプレースメントテストでEL生徒と判断され，ELDやSADIEなどの特別なプログラムで指導を受ける者が少なくない。

両校のEL生徒に対する教育現場では，個々の教師の教育理念が反映され，さまざまな工夫が見られた。教師たちは生徒どうしがお互いから学び合うことのできる共同学習を積極的に取り入れており，教師たちへのインタビューからこの学習方法のメリットについての声が何度も聞かれた。この学習方法は英語を母語としない生徒の英語力向上や教科の理解を促進するだけでなく，何よりも彼らがグループ活動のなかで自分の得意分野を生かすことで仲間に貢献でき，そのことが自尊感情を高めることにつながるという特長がある。

このようにカリフォルニア州の公立高校では，英語能力が不十分な生徒に対して概ね制度化されたカリキュラムに沿った教育活動が展開されている。アメリカでは教育は州の責務とされており，州によって義務教育の開始年齢や期間が異なる。同じ州のなかでもさまざまなタイプの教育機関が存在する[11)]。義務教育段階の入学は，入学申請書に子どもや保護者の情報を記入して提出し，許可が下りれば入学が認められることになる。筆者が高校訪問をした当日，数日前に韓国から来たばかりの2人の転入生がおり，ESLの担当教員は転入生の英語能力を測るためのテストを行ったりして対応に追われていた。

他方，日本の高校では外国籍生徒に対する教育が，未だ十分整備されているとは言い難い。神奈川県のように，「在県外国人等特別募集」の実施で進学という面については一定の成果を上げている自治体があるものの，全国的に見れば，そのような制度を導入している自治体はまだ少数である[12)]。制度面に加えて，アメリカでは研究成果や知見が学校現場での教育実践に結びつきやすいという特徴があると思われる。たとえば，現場の教員が研修を受ける機会があり，そのような場で教員どうしの情報交換が行われるなど教員になってからも最新の研究成果や知識，スキルを学習する機会が提供されている。言語的文化的少数派の生徒の教育に携わる教師たちは，日々教育活動のなかで生起する個別のさまざまな課題に対して，

11）ロサンゼルス統合学区公立学校の場合，一般に初等教育（K-5），中等教育（中学校は6学年～8学年，高校は9学年～12学年）となっている。

12）神奈川県の「在県外国人等特別募集」の取り組みについては，序章に詳しい。

教育者としての自らの信念のみならず，教育理論や豊富な知見を踏まえた実践を試行錯誤しながら行っているといえるだろう。

付　記
本稿におけるアメリカの高校の実践例は，『関係性の教育学』第 10 巻 1 号に掲載された論文を加筆修正したものである。

引用文献

バトラー後藤裕子 2009「日本語学習児童生徒教育への提案――アメリカ合衆国の経験を踏まえて」『母語・継承語・バイリンガル教育（MHB）研究会紀要』5, pp.1-21.

California Department of Education, 2001 *Educating English learners for the twenty-first century*. Sacramento, CA: California Department of Education, 1999.

Freeman, D. & Freeman, Y., 2001 *Between worlds: access to second language acquisition*. Portsmouth, NH: Heinemann.

クラッシェン，S. 2008 長倉美恵子・黒澤浩・塚原博共訳『読書はパワー』金の星社.

第Ⅲ部

地域との連携――開かれた学校として

第9章　私が出会った外国につながる子どもたち

――多文化交流委員会をとおして

(井草　まさ子)

はじめに

私は2005年から2008年の4年間を，鶴見総合高校の教員として過ごした。その間英語科担当をはじめ選択科目の日本語担当として，またクラス担任や進路担当として，さらに多文化交流委員会の顧問として生徒たちと接していた。私は最初の勤務校で中国帰国者を親に持つ生徒に出会ったのだが，そのことをきっかけに，外国につながる子どもたちの支援に関わってきた。そして，最後の勤務校で後述する彼らと出会ったことが，私の退職後の人生に大きな影響を与えることとなった。不思議な縁である。

1．多文化交流委員会が出来るまで

他章でも述べられているように鶴見総合高校の前身寛政高校では，外国につながる生徒が多く入学していたが，1993年からは教員の組織として，「外国籍及び外国人生徒の受け入れを考える」委員会が設置され，地域の市民団体との連携も生まれ，さまざまな取り組みのための下地も作られていった。そのなかで外国につながる子どもたちの自主活動の場として生まれた「国際教室」は，校内予算も組まれていた。地域の人々や時には保護者を呼んで，「異文化理解・多文化教育」という視点で，エスニック料理の講習会などを催したり，南米出身の生徒たちは，アシェというグループを作り，文化祭や鶴見の「国際交流まつり」等に参加したりしていた。さらに，教員と大学生ボランティアによる，学習サポートも行われていた。

再編統合された鶴見総合高校では在県枠が設置されさらに多くの外国につながる生徒が入学するようになった。そのような状況下で外国につながる生徒たちは，本名を名乗り，自分たちの母語を話すことができていた。また，外国の文化に興味を感じ，外国につながる生徒たちと友だちになりたいと思っている一般の日本人生徒も少なからずいた。しかし，実際は互いに出会う機会を持つことができずにいた。

鶴見総合高校となっても，「学習サポート」は続けられていたが，外国につながる生徒が集まる場や，日本の生徒と交流できる場の設立が必要とされていた。そこで，生徒会からの助言も得て，部活動ではなく委員会を発足させる提案が外国人生徒支援担当でまとめられた。部活動という位置づけでは，安定した部員を集めることが難しいが，生徒会のなかの委員会の枠組みならば，予算も付き，安定した人数を集めることができ，何より日本人と外国につながる生徒との数を，バランスのとれる構成にしやすい。こうして，2005 年度，「外国につながる生徒と日本人生徒の交流をはかる」ことを目的として，多文化交流委員会が設けられた。

毎年，年度初めは，委員会を含めてクラスの係を決定しなければならない。多文化交流委員会は，楽しそうであり大変なことが少ないように見えるため，相当数の生徒が希望していた。実際は，委員会の回数を重ねるごとに，参加生徒は減少し，最終的には各学年まとめ役の 2 ～ 3 人が活動の中心となり，その他大勢の生徒は、その時々により参加していた。

多文化交流委員会は，校内では文化祭で「各国の文化比較の展示発表」「しゃべり場」「世界の遊び場」を企画・実施したり，「日韓文化交流会」の運営をしたりした。また，校外では，神奈川国際交流財団主催「あーすフェスタ」で「世界の遊び場」の運営，ME-net 主催の「神奈川県・外国につながる生徒交流会」，鶴見の外国人支援団体主催の「イアペまつり」，YMCA・ME-net 主催「オルタボイスフェスタ」等各団体の催しに参加し，主体的に活動した。これらの活動をとおして，主力メンバーは結束を深めて力をつけていった。そのなかでも，活動をとおして活躍の場を得，成長していった 3 人を紹介する。

2．ブラジル出身のAさん——日本とブラジルの行き来のなかで

Aさんは1歳のとき，「2年の期限付き」ということで，両親兄弟と一緒に初めて来日した。しかし期限が伸びて，小学校1年生のときに帰国，そしてその1年後再来日し日本の2年に編入し，さらに4年生のときにブラジルへ再帰国し，5年生のときに再来日したという経歴を持つ生徒であった。

「家ではポルトガル語を使っていたが，ブラジルの小学校での勉強についていくのは，大変だった。算数では，割り算の仕方が日本と違っていて，分からなくなってしまった。先生には，『諦めずに頑張れ』といわれたが，特別に配慮してもらえることはなかった。さらに理科や社会の授業はもっと大変で，授業で使う専門的な言葉が理解できずに，ついに学校に行くのをやめ，近くの塾のようなところに通っていた。その塾で，小学校レベルのポルトガル語から丁寧に教えてもらい，『完璧にできるようになった』と思った矢先に再度『日本に行こう』と親からいわれた。再来日したのは秋で，5年生に編入した。ちょうど運動会の時期で，必死で『ソーラン節』を覚えた」と語っていた。

いつも突然の出入国だったが，Aさんは行ったり来たりを楽しみ，家族と一緒ならどこに住んでもいいと思っていたそうだ。日本では地元の中学に入学し，「国際教室」でじっくり丁寧に教えて貰えたお陰で，抜け落ちている自分の日本語を勉強し直すことができた。しかし，Aさんが自分の「人となり」を自覚したのは，中学2年生のときの，「ルーツを語る」で，自分の祖父母が日本出身で父親も日本出身，自分は「ダブル」[1)]だと担当の教員にいわれたときで，その気づきは，衝撃的だったと語っていた。

在県枠のある鶴見総合高校に入学してAさんは，「違う国出身の子と仲良くできるとワクワクした気持ちで入学した。クラスのなかにも同じような境遇の生徒がいっぱいいて，楽しかった。2年次に『多文化交流委員会』に入り，新しい出会いがあった。副委員長をやっていたのだが，自分はま

1）2つのルーツ・文化を併せ持っている子ども。

とめることは得意でなく，どちらかというと後をついていくタイプ。しかし，委員会の後輩たちが皆よく気が付く人で，『先輩，先輩』と呼ばれて副委員長という立場を自覚した。逆に気遣ってもらっていたと思う。とくにBさんは，年下の日本人として初めて優しく接してくれた人だった。メンバーがよかったから続けられた。すべてのイベントも皆と一緒だからやれた。さまざまなイベントで司会をやらせてもらって，自信が持てるようになったと同時に，『難しさ』も感じた」と述べていた。

さらにAさんは，イベントをとおした多くの学びについても次のように語ってくれた。「『神奈川県・外国につながる宿泊生徒交流会』では，今まで『永住者』の資格は自然にもらえるものと思っていたので，在留資格についての複雑な現実を知ってビックリした。『夏の公開講座』ではアルバイトで差別された体験談を聞き，『オルタボイス・フェスタ』のようなイベントを利用して，嫌な思いをしている人たちがいることを知らせていく必要があること，自分ももっとクラス内やそのほかの人たちに発信すべきだったことに気づいた」。

Aさんは，多文化交流委員会の活動をとおして自信をつけ，自分を客観視できるまでに成長した。さらに，Aさんは家庭内でコミュニケーションが取れないことが原因で，親子関係が悪い家庭の存在を知り，自分が恵まれていることに気づき，それを契機にポルトガル語の勉強を始め，母親との深いコミュニケーションを図ろうと努力するようになった。

さらに，「多文化交流委員会」はAさんにロールモデルとの出会いの機会を与えてくれた。そのなかでも一番影響を与えたのは，寛政高校出身の先輩で，現在県立高校の教員をしているDさんである（Dさんは，この当時鶴見総合で教育実習をしていた）。「Dさんのように頑張り，日本語もしっかり使えるようになれば，出身国に関係なく，夢が叶えられる。目標が現実になる。諦めないことだ。Dさんを見ていると，元気がでる。負けてはいられない」と語っている。現在Aさんは，自分の夢の実現に向けて専門学校で勉強している。後輩にも慕われ，卒業してからも文化祭や，外部のイベントにも時間を作って手伝いに来てくれているそうである。

本国との間を行ったり来たりして，基礎的な学習が抜け落ちてしまう子どもが少なくない状況がある。Aさんがそれを免れたのは，家族の絆が強く精神的に安定していたこと，その時々で支援者に出会えたこと，生来の真面目で人なつっこい性格が周囲を自然に巻き込んでしまったことなどが要因ではなかろうか。Aさんにとって多文化交流委員会は，うってつけの活動であったのだと思われる。

3．日本人生徒Bさん――祖父のルーツに思いをはせる

Bさんは「とりあえず楽しそうな委員会だ」と思って入ったそうで，「1年次は，ちょっと顔を出しただけで，それほど興味を持てなかった。2年になり，外国に対する知識はないけど，簡単そうだから，先生に誘われるままに，5月の「あーすフェスタ」に参加してみた。委員会活動でもこんなに楽しいことがあるんだとわかった。さらに，文化祭で，外国にルーツがある先輩や後輩ともつながりができ，いつの間にか興味がわいてきた。なかでも1年先輩のブラジル出身のAさんとの出会いが，参加していたイベントをさらに自分に近い存在にしてくれた。Aさんは，リーダーシップもあり，よく気の付く人で，自分から見れば大変な境遇にいるのに明るく振舞える人だ。「ほかの友達もできて，気がついたら，ドップリ浸かっていた。『日韓高校生交流会』は，とてもいい思い出になった。1，2学年の前で司会もでき，なんかとても嬉しかった。3年になり，同じクラスの中国出身の人たちと友達になれ，中国語を教えてもらいたいと思って，その人たちのルーツを聞こうとしてみたこともあったけど，あまり話したくない様子だったので諦めた」と語っている。

Bさんにとっても「神奈川・外国につながる生徒交流会」は特別なイベントであったようだ。「何だかわからない内に友達になっている。そこで知り合った友達が，なんか違う明るさを持っているように思えるし，日本人とか○○人とかという枠を超えて，イベントを楽しんでいる。この委員会をやる前は，自分から声をかけていく自信がなかった。私は，『日本人だから』と線を引いていた。最初の頃は，日本人が少ないから，不安だったが，大変な境遇の人たちを見て，『線を引いている場合じゃない，自分から話しかけなくては』と思うようになった」と語っていた。この宿泊を伴った生徒交流会で知り合った友達とは，時々ディズニィーランドなどに

出かけたりもしたそうである。A さんも指摘しているように，よく気が回り他人の痛みがわかる生徒でもあったB さんではあるが，「神奈川県・外国につながる生徒交流会」は，今まで表面に出していなかった部分を開花させる突破口になったようである。B さんの終始かいがいしく動き，キラキラと輝いていた光景は，私の目に焼き付いている。B さんは，自分のやるべきことをしっかり理解し，出ていく場面，裏で活動する場面を心得て，それがブレない。私もB さんから学ぶことが多かった。

B さんは，この話をしながらもう 1 つ興味深いことを回想している。その当時鶴見総合高校で教育実習をしていたブラジル出身のD さんとの出会いである（A さんも話しているのであるが）。B さんの経験のなかでの，外国出身の先生といえば，英語の先生というイメージしかなく，D さんは今までの「外国人」の認識を大きく変えるものであった。「英語の先生じゃないし，日本語ペラペラだし。すごい，見たことない。ああ，こういう人もいるんだ」と思ったそうだ。B さんにとって，衝撃的なことだったそうだ。

B さんは, ある年の「神奈川県・外国につながる生徒交流会」で突然「中国の人に一時育てられたことがあるおじいさんを持っている」と発言した。この発言によって，教員間ではしばらく「B さんは，中国出身のおじいさんを持ち，中国にルーツがある」と解釈していたものだ。それはやや理解不足ではあったのだが。ごく普通の日本人生徒が多文化交流委員会の活動をとおして，祖父のルーツに思いをはせ，自分自身をしっかり見つめる機会を持つことができたのであろうか。B さんは次のように語っていた。

「多文化交流委員会に入っていなかったら，外国にルーツを持つ人とも友達になれなかったし，イベントの司会なんてできなかったし，今の自分にはなっていなかったと思う。この活動をとおして日本人とか外国人とかということでなく，いろいろな立場の人と出会え，自分が大きくなった感じがする。今の『自分』は嫌いではない」

B さんは，現在社会人として働いているので，なかなか時間が取れないが，時間ができたら今まで関わったイベントなどに参加してみたいといっていた。

4．台湾出身のCさん——２つの文化のはざまで

Cさんは台湾人の母親と日本人の父親とのダブルである。両親とも高学歴で，さらに祖父は台湾で大学の教授をしているそうだ。3歳のときに来日して地元の幼稚園に通ったがほとんど思い出はない。日本語ができなくて友達ができず，中国語の友達を探そうともしていたが，チャンスがなかった。小学校では,「日本語が訛っている」と馬鹿にされることもあった。いわれている日本語はよく分からないが，相手の口調や顔つきでいじめられていることがわかった。友達はほとんどできなかったが，1週間のほとんどが習い事で塞がれ，時間があればピアノを弾いていたので，寂しいとは感じなかった。中学では相談できる先生に会えたが，周りからは「外国人だから」と嫉まれていた。「話したことはなかったが，学校にはフィリピン出身の人がいて,その存在が安心感を与えてくれたように思う」と語っていた。

Cさんは，多くの思春期の子どもが抱くように，外見上のコンプレックスを持っていたという。自分自身が鍛えられれば，コンプレックスを払拭できるのではないかと思っていたが，なかなか思うようにはいかなかった。それに追い打ちをかけたのが，2つの文化の価値観の違いからくるカルチャー・ショックだった。台湾ではふつうのことが日本ではおかしいということがよくある。たとえば，親のいうことを聞くことは，台湾では当たり前のこと，日本ではダサイと取られる。またファッションでも，台湾の服装は今はアメリカン・カジュアルで，時々会う台湾の友達から，「昔のまま止まっているんじゃない」といわれたこともある。どうも2つの文化を行き来していて，どちらからも外れている感じを受けることがあるそうだ。自分は日本の教育を受けているのに，台湾にいる親戚の子どもたちと，同じものさしで測られているような，いごこちの悪さとプレッシャーを台湾では感じるそうだ。「生活の基盤は，日本だけれど，台湾を祖国とも思っている。毎年帰っているし，親戚との関係も深いし。自分のなかでは，それぞれの文化もよくわかり，メリット・デメリットも知っているつもり。でも日本のテレビの報道のしかたが適切でないときも多く，いい感

じを得ることのほうが少ない」そうだ。この日本における台湾のイメージの悪さも，立ち位置の不安定さに影響を与えているように見受けられた。

このような心境で高校に入学したが，「多文化交流委員会」に所属しさまざまな活動をとおして友達を作り，自信を得ることもでき，さらに自分のことを客観的に見ることもできるようになったという。

そのなかでも「外国につながる全国生徒交流会」はCさんのなかで大きな存在となった。「ぴったり同じような体験を持った人に出会えて安心もし，共感も覚えた。今でも連絡を取りあっている。それまでは，自分のルーツに興味がなかったけれども，このことで興味を持つようになった。もっとこのような会をやればいい。本当にたくさんの子が救われると思う。中学のときに会ったフィリピン出身の子はいいたいことがいえなくて，いじめられていた。また親しくなった黒人の友達もいたけど，いじめられて結局その子はグレてしまった。この会に出ていれば，グレないですんだかもしれない。見た目外国人とわからなくても，心のなかで泣いている子はいっぱいいる。この会で同じ傷口をなめあうというだけでなく，話せば楽になるし，『自分は一人でない』と実感できる。ほかの人の話から，差別や偏見も見えてくる」とCさんは語ってくれた。

この当時Cさんは，将来は国境や宗教の違いもなく，どのジャンルにも属さない，音楽の仕事をする夢を持っていた。「日本では，外国にルーツがあったり，自分と異なったものを持っていたりするといじめられる。その人たちの思いを仕事をとおして聴いてあげたいし，『いじめは何なのか』を理解したい。今まで自分は，差別する人の側に差別意識があると思っていた。でもみんなが自分のなかにもある差別意識に気づくと，お互いに優しくなれるのではないか」とも語ってくれた。

5．おわりに

生徒たちは，委員会での活動をとおして，校内の仲間を始め，他校の高校生・中学生や大学生，また地域の社会人や子どもたちと接し，さまざまな影響や刺激を受けた。その交流の輪を広げるなかで，自分を見つめるチャンスを得，そのことが自信へとつながっていったと思われる。私は多文化交流委員会の顧問として,「こんな会があるよ」と投げかけただけであった。それでも彼らは大きく成長してくれた。私は彼らの傍らにいて，彼らの思いや気持ちを聞き，どんなに励まされていただろうか。毎日の忙しさのなかで自分を失いがちになる私に，彼らは楽しいホッとする時間を与えてくれた。私自身の居場所でもあった。この生徒たちとのつながりが現在の「たぶんかフリースクールよこはま」の運営に向かわせてくれた。

多文化共生教育ネットワークかながわが実施している「日本語を母語としない人のための高校進学ガイダンス」や，「神奈川外国人教育相談」などの活動をとおして,国際教室の関係者や,外国人支援団体の方々から,「学齢超過のために中学校に受け入れてもらえない」「中学を卒業して来日したが，高校進学に向けて学ぶ場がない」という声を聞くことが多くなってきた。その度に「たぶんかフリースクール東京」[2]やボランティアが運営する「学習補習教室」を紹介してきた。しかし，「たぶんかフリースクール東京」は，この問題を解決するのに適当な場所であるが，通うには遠すぎるし，「学習補習教室」は勉強量の点で高校受検に対応しきれない。「日本語学校」や「予備校」という選択肢もあるかに見えるが，高額でもあり，今のところ「日本語を母語としない受検生」に対応している学校はないといえる。

結局「たぶんかフリースクール東京」のような場所を神奈川に作るしかないということとなり,2009年9月に「たぶんかフリースクールよこはま」を設立する運びとなった。外国出身の子どもたちの高校受検に対応する「学びの場」，さらに「居場所」である。設立して間もなく，課題も山積みであるが,「フリースクールで学んだ生徒たちは，高校に入ってからもやるべきことが見えている」との高校の先生からの言葉を聞き，やっていることの意義を確認している。フリースクールでは，日本語を教えるが日本語学校ではない。受検科目の教科内容を教えるが，学習塾でもない。教科学習や日本語学習の遅れている生徒に個別指導もするが，家庭教師でもない。生徒それぞれの母国で培ってきた教養や価値観・思想・習慣を大切にしながら異文化社会の日本にソフトランディングして，学習の積み重ねを継続

2）NPO法人 多文化共生センター東京が2005年6月より運営している外国出身の子どもの学びの場。

する「つなぎの学校」であると思っている。

フリースクールからも鶴見総合高校に卒業生を送っている。卒業生たちもフリースクールを母校と思って，時々訪問してくれ，「体験談」を話してくれる。この体験談は，フリースクールで学んでいる生徒たちへの具体的なアドバイスとして大きな役割を担っている。また，卒業生たちにとっても，自身の発表の場ともなり，彼らのアイデンティティ確立の一役をかっているのではないかと思っている。卒業生たちも，高校に入りさまざまな試練を経験しているはずである。しかし，後輩に接することで，自分の初心を思い出し，元気をもらい，自身を奮い立たせているのかもしれない。卒業生たちが，進学した高校の勉強や部活動，委員会活動等をとおして新たな居場所を見つけて，自分の力を発揮してくれることを願って筆をおきたい。

第10章 インタビュー：日本語指導をとおした生徒とのかかわり

——寛政から鶴総へ（非常勤講師への聞き取りから）

（聞き手：坪谷美欧子、小林宏美）

1. 寛政高校での仕事のいきさつ

——高校での日本語指導にあたられたいきさつをお聞かせください。

○荻　寛政高校からお電話をもらったのがきっかけです。私は藤沢市で成人学級と小中学生の巡回指導をしていたので，たぶんそういうことで連絡が来たのだと思います。

○山本　私たちが日本語指導に通っていたころは，日本語教育能力検定試験がまだなくて，日本語教師養成講座のある学校を卒業した後，荻さんは藤沢市，私は川崎市で，市の成人学校で日本語を教えていました。

——大人に対しての日本語教育ですね。

○山本　そうです。午前中は主婦が多く，夜は研修や仕事で来日している人が多かったです。

——具体的にはどのような形だったのですか。

○荻　寛政で急に外国につながる子が増えてきて，どう対応していいのかという状況だったのではないでしょうか。

○山本　1年生にミャンマー2名，ブラジル1名，2年がブラジル2名，3年が台湾とブラジルがそれぞれ1名，ボリビアの転校生が1名の計9名でした。

——3学年で9人ぐらい。それでも当時はすごく多いという感じでしょうか。

○山本・荻　多いかもしれないし，中学校の外国籍の子の割合からすればそれほど多くないかもしれないし……。

——みんな地元の子ですか。

○荻　そうです。

○山本　ほとんど地元の子でした。一番遠くてもミャンマーの子たちで緑区から。それでたまたま英語の方が話が通じるということで，たまたまイギリスで暮らしたし子育てした経験があったので，それでかな？という気はします。

——荻先生は，ブラジルで育ったご経験があったのですね。

○荻　えぇ。あのころの鶴見はポルトガル語の子が多かったので，もしかしたらポルトガル語の経験があったからでしょうか。

——それまでの成人へ日本語を教えるのから，高校で教えるとなると，何か違いとか，とまどいなどはありましたか。

○山本　違いはあるけれど，とまどいはありませんでした。自分たちも子育てをしていて，私は２人の娘がちょうど同じ高校生だったのです。

○荻　うちもそう，下の息子が。

○山本　そう。同じ年頃の子どもに接していたので，とまどいはなかったです。ただ，成人学校と教材は，一切違うことをしなくてはいけないのであわてました。

——もうそういう準備の間もなく。

○山本　とまどう間もなくです。現場の先生方の状況や私たちのすべきことなども一切，行ってみないとわからない。校長先生にもお尋ねしましたが，「それはちょっと現実に生徒に会ってもらって……」のような感じで最初の年は始まりました。

2. 寛政高校での取り出し授業

——寛政高校での授業としては，取り出しの「国語」を担当されたのですね。

○山本・荻　はい。

○山本　行ってみてわかったことですが，その年，先ほどいったボリビアの子が，とても優秀な子だったのです。高１か高２のころに，向こうから転校してきて，当初，日本語は全然できませんでした。優秀だったけれど入れる学校が寛政しかなかった。入学後は，ほかの科目も通してほとんどずっとトップクラスでした。

——日本語はできなくても？

○山本　そうですね。でも英語は結構できたし，負けず嫌いで猛烈に勉強していました。意味がわからなくても丸暗記みたいな無茶もしていました。あまり勉強が好きじゃない子が多い学校だったということもありますけれども……。

——当時の寛政高校はいわゆる課題集中校みたいな感じですか。

○山本　そこで，ある先生が，こんなに頑張っている子がいて，しかも大学に行きたいといっているのに，「日本語が上手ではないという理由だけで，希望がかなわなくてよいのか」とお考えになったのがきっかけだったんだと思います。調べていくうちに，この子も外国籍だ，この子もというのが，いろいろわかってきました。

カンボジアの子とか，韓国の子は，日本名を名乗っていたから分からない子が何人かいました。カンボジアから難民で来て日本人の名前を名乗っていた子もいたりしました。

そういうのがきっかけで，たぶん梅本さん（寛政高校元教頭）も始められたと思います。それで，私たちが呼ばれた年に予算が下りたか，生徒があまりに増えてしまって，学校だけでは対応できなくなったのかという気がします。それが私たちが急に手伝うことになった理由かもしれません。

——教材などは，どのように準備されたのですか。

○山本　プリントなどは一から全部つくりました。

○荻　いろいろなのをあちらこちらから。

○山本　生徒たちの顔を見てから。

○荻　やはりその子によって日本語のレベルが，国によっても違いますから……。それはいまでも，同じです。

——全部新しくつくるのですね。

○山本　はい。4月に生徒の顔を見てから決めます。漢字圏と非漢字圏というだけでも，問題が違ってきますし……。

——当時クラス分けはなかったのですか。9人を一緒に教えていたのですか。

○荻　ではなくて，1学年ずつ。各学年1クラス。

○山本　最初のころは，私が1年生と3年生をやって，荻さんが2年生をやって，私が2年で，荻さんが1，3年の年もありました。

――授業は週にどのぐらいですか。

○荻　週に3日ぐらいだったです。

○山本　時間的にはいまよりも少ないです。

最初の年，私は1年と3年を見ていました。3年生のブラジルの女の子が，この1年で日本語が「これだけ上達したということがはっきりわかるように教えて欲しい」といいました。かなり挑発的でした。「日本の先生は嫌いだから，ブラジル人に教えてもらいたい」ともいわれました。でも，卒業するときには，二人とも日本語能力試験の2級に受かりました。台湾の男の子も学校も友達も大嫌いで，学校に来ても一言も口を利かなかった。ブラジルの女の子と二人きりの授業で，最初はお互い反目し合って，二人なのに，こうやって（離れた場所に）座るのです。

それが，やはり1年間一緒にやることによって，だんだん仲良くなってきて，どちらかが遅刻しそうになると，お互いに電話で起こすような関係になりました。卒業するときには，二人はびっくりするぐらいに仲良くなっていました。

その台湾の子は結局，本当に寛政高校に来てよかったといって卒業していってくれました。担任の先生にそういって挨拶していた姿を，今でも懐かしく思い出します。そんなことがあって，もしかしたら，こういう授業が必要なのかと，たぶん学校が思ってくださった。当時の寛政高校は大学進学する子はほとんどいませんでしたが，その2年後に1年次から取り出した4人の内3人が上智大，武蔵工大へ進学しました。

○山本　本当に進学する子たちはほとんどいない学校だったところが，そのあたりから少し，大学へ行けるのだという感じになってきて，だんだんそういう雰囲気が出てきました。

――彼らから何か日本人生徒にも影響があったということですか。

○山本　数が圧倒的に少なかったので，外国籍の子たちも，日本人と友達にならないと生活していけませんでした。そういうなかで逆に外国籍の子に刺激を受け，私も何か資格が取れるかもしれないという子が，友達のなかに出てきました。取り出しの教室によく日本人の友達が遊びに来てくれて，私も楽しかったです。実際，美容師やトリマーになった日本の子たちとも，今でも交流があります。

3. 鶴見総合高校での日本語指導で心がけていること

――では，鶴見総合高校になってからのことを聞きたいと思います。

○荻　現在も「国語」の取り出し授業を担当していますが，まずは日本語指導を行わざるをえませんので，教科学習の基礎となる使える日本語の指導を心がけています。

とくに中国の子にとっては，「らりるれろ，なにぬねの，だぢづでど」という音の聞き分けが難しく感じるようです。自分では正しく発音しているようでも発音ができていないこともあります。出身地の方言のようなものが発音に影響することもあるので，最初入ってきたばかりのときにはとくに注意しています。

あと，しゃべる子と，しゃべらない子がいて，しゃべる子は，助詞が間違っていてもしゃべってくれますが，やはりそこは少し直しながらということです。

――山本先生はどうですか。日本語を教える上で心掛けている点は。

○山本　先ほどもいいましたが，取りあえず4月の最初にみんなに会って，自分の持ったクラスの生徒のレベルに合わせて一から教材をつくりだします。蓄積というほどでもないけれども，やってきたものがあるので，どのぐらいのレベルの子たちなのかを見ながら，1年間でどのぐらいまで行けばいいかと大まかな計画を立てます。

4月から6月ぐらいに一番心掛けているのは，学習的な能力と生活面での問題です。同じ国から来た子であっても，個々に持っている問題がものすごく違うので。

たとえば同じ中国の子でも，家族で来ていると，両親とも働いていて生活が大変だといっても，やはりどこかで安定しているところがあるような気がします。

――家族だから。

○山本　ええ。一方，日本人の男性と結婚したお母さんが，祖父母あるいは親戚と暮らしていた子どもを呼び寄せたというような子は，やはりどこか不安定なところや日本に来たことに不満も持っていたりする子が多いような気がします。

――来日を納得できていない。

○山本　だから4月ぐらいだと最初から勉強を全然やる気がないという子もなかにはいます。直接聞いたりはできないですが，授業のやりとりのなかで，家族が安定しているのかが，だんだん分かってくるのが6月ぐらいまでです。そうすると「ああ，こういう問題なんだな」ということで，それはそれで心にとめてておきながら，授業をしながら気にしているという感じです。

――何かちょっと不安定そうな子がいたりとかはしますか。

○山本　分かりますね，それは。

――休みとか，遅刻とか。

○山本　休み，遅刻。あと態度。態度はすごく分かる。

――そういう子を見つけたときはどんなふうに対応されますか。

○山本　最初は注意して見ているだけ。気になることは，担任の先生や外国人生徒支援担当の先生と話をするようにしています。決めつけてはいけないけれども，やはり一家で来ている子と，その差は結構大きいかという気がします。

○荻　高校生でも，やはりまだ子どもですからね，結構。

○山本　ものすごく子どもだと思う子もいますね。母親にに呼び寄せられても，（母国で）育ててくれたのはおじいちゃん，おばあちゃんなので，実の親であってもどう接していいか分からないようなところがあると，本当に孤独だと思います。お母さんとは仲が良いけれども，日本人のお父さんとはうまくいかない場合はまだよくて，いままで一度も暮らしたことがない実の母親と突然一緒に暮らして，どうしていいかわからない子は深刻です。

○荻　親もどう接してよいかわからなくてというのはすごくあります。

○山本　それはすごくあります。

○荻　そうすると，今度その子どもたちは学校に行っていない友達のところに行ってしまい，うちへ帰らなくなる。学校には遅刻してくる，そのうち来なくなると。

――悪循環の始まりですね。

○山本　親の方もどうしていいか分からないので，ある程度生活に余裕があるとゲームやブランド品などお金で買える物を与えてしまう。だから，高校で日本語を教えているということは，その辺の家族関係まで背負ってくるという気がすごくしています。

――そういうことを生徒の方から結構言ってくれますか。

○荻　やはり人間関係がある程度できるまではいわないです。

○山本　1年近く付き合い始めてようやくです。

○荻　少しずつ。

○山本　授業は週4時間しかないわけじゃないですか。そのなかで文法もやらなければいけないし，読む，聞く，話すもやる。そのなかで，「話す」というときに，例えば，この一週間の出来事を何か一ついってみようというような話になったとき，ちらっとそういうことが出てくることがあるので，そういうので分かるんですね。

たとえば授業中「気難しい」ということばが出て説明したときに，「ああ，うちのお父さんがそうだ」とか，「気まぐれ」ということばが出てきたときに，「うちのお母さんがそうだよ」みたいなことを言い始めたりすると，止まらなくなってしまう。「ああ，そうか」というのだけは，ちょっと頭に留めておく。じつは，問題を抱えていたり，後でトラブルを起こすこともあるので。何かを発していると感じたときは，気をつけて見ています。

○荻　何かサインは出しているんです。

○山本　取り出しクラスは多くても10人から12～3人ぐらいなので，個々の問題が見えやすいという気はしますね。

○荻　普通の一般のクラスのなかにいると，ものすごくおとなしくて何も話さない子が，取り出しになると……。

○山本　大騒ぎする子が結構います。

○荻　クラスにいるときと取り出しの授業では，全然違うという子もいるんです。

○山本　その辺で，担任の先生の見方との間に少し温度差を感じるときもあります。

——普段の授業と違うということですか。

○山本　少人数のなかでやっていると，この子は問題を抱えているというようなことが見えやすいと思います。

あとは，たまたま二人ともおばさんと呼ばれる世代だから，親代わりの役を……。

○荻　やりやすい。

○山本　かもしれない。

○荻　意外に，男の子が，変にべたべたしてきたりする子もいます。甘え方も知らないし。

——まだ甘えたいのでしょうね。

○山本　何かそういうのが。家庭の力というのは，形式的ではあっても高校生ぐらいまでは大きな力を持っているのだとすごく思います。私たちは一応人生経験も積んできたので仕方なく「お母さん役をやるか」みたいなところはあります。

——生徒の出身地域も寛政高校の頃とはずいぶん変わってきていて，ほぼ全員中国人の取り出しクラスもありますが，以前と比べてどのような点が変わってきていますか。

○荻　中国人生徒たちの多くは大学への進学を希望します。ただ自分が本当にやりたい勉強で大学や学部を選ぶというより，たとえば将来の起業のことを考えて，すぐに役立つからなどの理由で経済学部などを選択するというような傾向は強いです。

でも入っても結局，自分が本当にやりたい勉強ではなかった場合，もちろんものすごく難しいし，ここでやっている日本語のレベルとは全然違う専門用語もいっぱい出てくるので，結局ついていかれなくなってしまい，途中でやめてしまう子も見ています。本当にやりたいことを探してほしいと，私はいつも思います。

○山本　中国の子が多数になると，そのなかの友人関係だけで完結してしまい，日本人や他の国の生徒と全く交わる気持ちはなくなるのが，一番の問題だと思います。

4. 会話力・文章力向上の難しさ

○山本　最近，日本語能力試験などには受かっても，結果として話す日本語が上手にならない生徒が目立っているのが気になっています。

○荻　それから文章を書かせると，何となく分かるけれども，これではちょっと……という文章を書く生徒がいます。

○山本　不思議なことに南米系の子たちは，「てにをは」やことばの使い方は間違っていても，長くていい文章が書ける子が多いです。気持ちを素直に文章に表現しようとしますね。

ところが，体育祭があったので，何か書かいてみようかといったら，「先生，模範文はありますか」と聞く子がいて……。中国人の子でした。母国での教育の影響があるのかもしれませんが，形式的な文章を作文で書いてきたので結構驚きました。

――中国では模範文も市販されていますし，作文では形式的な美しさを重視するところがあります。やはり文章の書き方のスタイルも違います。それを日本語へ切り替えるのは大変なことだと思います。

○山本　かもしれない。本当に南米系の子は，すごく素直に，自然に書くんです。

○荻　フィリピンの子もそうです。読んでいて楽しいのです。自然な気持ちで書いてくるので。発想も豊かです。

――でも逆に，中国人生徒は総じて数学や暗記科目がよくできるというところにつながっていくのかもしれませんね。

○荻　一つの解答に向かって問題を解いたりすることが，得意なのかもしれません。

○山本　日本語能力試験も本当の意味で日本語力，とくに会話力を測れない部分があるので，高得点を取っていてもなかなかスムーズな会話ができない子がいます。日本人の友達がいないからなかなか上手にならないというのもあるのかもしれません。ただ，これは先ほども言ったように，週4時間なので「話す」というところまではなかなかいかない部分があります。部活などで日本人と接する機会の多い子は，多少乱暴ないい方でも確実に話す力は上達しますので，私は1年次生にはとくに部活をすすめていますが……。

○荻　読ませるとやはり読めないことが多いです。あと訓読みなども。

○山本　訓読みと，あとカタカナ語。

――日本語という面で，いまとくに力を入れて指導しているのはどういう部分ですか。

○荻　一応私たちはバランスよくやっているつもりでいるのですけれども，時間が週に4時間しかないので。

○山本　やはりこれも先ほどいったように，4月にその子たちを見てから。例えば，初級レベルのクラスでは，私の場合は，最初の半年ぐらいは毎朝ヒアリングをして書かせています。基本的には，それで聞くことに慣れるようにしていくというところから始めます。結局，書く，読む，そして文法に行くと，やはりどうしても，とくに初級の子とかだと「話す」という時間がない。ヒアリングから入るしかないのかなと考えています。

○荻　なるべく話させようというのはあるけれど，たとえば中国人生徒が多いクラスだったりすると全く話さない子もいるんです。たぶんいいたいことはいっぱいあるのだと思います。そうすると，そのなかで日本語のうまい子に中国語でいって直してもらう。やはり何か伝えたいことがあるのでしょう。

いろいろな国の子が入ってきたときは，共通語は日本語なので，必死になって伝えようとしますね。

○山本　日本語を媒介にして親しくなっていきますね。

○荻　あまり上手くない日本語でも，伝えようとする気持ちはすごく大切だと思います。

5. 非常勤講師として生徒と関わること

――長年お仕事を続けておられて，大変だと思われることはどういう点ですか。

○荻　非常勤講師という立場上，生徒の家庭の問題まで踏み込めないというジレンマもあります。

○山本　取り出しの先生ということで生徒とは近い関係にあるので生徒からは本人の悩みから家庭の問題まで求められますが，どこまでしてあげればよいのか迷うことは多いです。

――その辺は校長先生や外国人支援担当の先生が替わることによって，学校側のスタンスが変わったり，そういう違いはありますか。

○山本　結局，梅本さんぐらいの代から，ずっと理解のある方が綿々といらっしゃることは安心していますが，そういう先生方の異動などは心配です。

――卒業生ともいまだに交流があるのですか。

○山本　この間も，先ほど話をした武蔵工大に行った子たちと会いました。もう 40 歳近い働き盛りです。たくましく生きている卒業生に会うのは嬉しいです。

一人は，アメリカで働いているけれども，帰国するたび会いましょうと連絡をくれます。そういう子たちに会うと，やはりやっていてよかったという気がします。

また，来週の土曜日は，中国系，中国人の昔の卒業生と会います。その子たちも大学に行って，その後仕事に就いています。春休みや夏休みはそういう卒業生たちと会うので，結構忙しいです。

――いまいくつぐらいですか。

○山本　27 ～ 8 歳ぐらいでしょうか。

――日本で働いているのですか。

○山本　働いています。他にも南米出身の子ですが，その子は，家庭的に大変な問題を抱えていましたが，負けずに勉強して卒業してお金を貯めてカナダに渡り大学を卒業しました。嬉しくてカナダの結婚式にも出席させてもらいました。今では，女の子のママで，英語，スペイン語，日本語，フランス語を使いこなして仕事をしているそうです。そういう一生懸命生きている子たちが，もうどんどん大きくなってくれている。

――それはうれしいですね。

○山本　そう，一人ひとりあげていくと枚挙にいとまがないですが，皆を含めて大きな意味での家族だと思っています。そういう子たちとずっとつながっていられるので，それを思うと，大変だったけれど，やっていてよかったと思います。

——常勤の先生方ではそういう関係はなかなか持てないのかもしれませんね。

○山本　う～ん。

○荻　やはり時間的に合わないので……。

○山本　かえって私たちの方が恵まれているかもしれない。少人数のところで3年間じっくりと付き合える。日本は資源も何もない国だし，人とのつながりしか最終的にはないじゃないですか。世界の人たちと少しでもつながることができるなら。たぶん日本語教師というのは，それが一番幸せなのだという気がする。本当にみんなたくましく生きています。

○荻　しっかり生きている子もいっぱいいるし，音信不通の子もいる。

○山本　今どこにいるかもわからなくなっちゃった子もいっぱいいます。どうしているだろうと，折に触れ思い出し，心が痛む子も何人もいます。

6.「地域の」高校であることの意味

——在県枠の来日から3年というきまりは日本育ちの時間が長い生徒たちにとっては，不利になってしまいましたね。学区制が廃止されたこともありますが，「（鶴見の）地元」の高校としての機能は以前に比べ減ってしまいました。

○山本　いまの在県枠の制度だと，漢字圏の中国と英語に強いフィリピン出身の生徒にどうしても有利に働く傾向がありますね。

○荻　日本で生まれ育ったブラジル人の子どもは，もう取り出しをしてもらえないし……。

○山本　結局この辺の町会の方たちも，最近ではこの高校にはブラジル人など南米系の子が合格するのは難しいのではないかという見方になってしまっている。地元に住む南米やさまざまな出身の子たちが集まっていた，寛政高校の頃の特徴がやや薄れてしまったのは残念に思います。

——では実際，この地域の南米系の子の高校進学はどうなっているのでしょうか。

○山本　南米系の子は，なかなか高校に進学するのが難しいようです。

学歴をそれ程重要視しないという母国の考えの影響もありそうですが。

○荻　本人も親もそういう考え方で，せっかくいい大学に入ってもやめたりする子はもったいないなと思います。

○山本　結果的に，仕事を求めて南米と日本を行ったり来たりするような人生になってしまうこともあります。

○荻　日本で受験に失敗しても，本当にやる気がある子はブラジルに帰って，ブラジルの大学に入って頑張っている子もいます。

○山本　ですから，どうモチベーションを持たせるかとか，そういう問題は，その子と接して個人的に関係ができれば，もっとやる気になってくれるのではと思います。根本のところは，私たちだけでは力は及ばないけれども，やはり高校がこの（鶴見）地域にある意味は考え続けていかなければいけないと思います。

――それはとても大事だと思います。今回，とくに梅本先生と先生方お二人に話を伺うと決めたのは，そういう原点を，もう一度明らかにしたかったからです。

○山本　そうです。それは強く思います。なぜ寛政高校だったのかというのはすごく大事です。

――神奈川県にとっても，とても大事なことではないかと思います。こちらの高校はずっと彼らの受け皿になってきましたね。

○山本　寛政高校は，その受け皿の役を果たしていたと思います。先ほどもいったように，その子たちは大学に進学し，外国にもいるし，母国に帰って活躍している子も多いです。高校への道が広がれば，その先の将来への展望も広がる。

――そうですね。その機会が狭められてしまうのは深刻ですね。

○山本　結局，在県枠だけですと，日本育ちの年数が長い子たちがどうしても入れなくなってしまいます。この地元には小学校，中学校までは，そういう南米の子たちがたくさんいます。

――そういう子たちは，一般の入試では難しいのでしょうか。

○山本　もちろん力がある子たちは，一般入試で高校進学を果たしていますが，そうすることが難しい子たちも多いのが現状です。実際，近くの小中学校には，びっくりする程たくさんの南米系の子たちが住んでいます。

だから，学校間の連絡や連携だけでももう少しあれば……。そういう子たちが入れないという認識を，もうちょっと持っていただけると，何か変わるのかと。問題が大き過ぎて，なかなか解決できないだろうとは思いますけれども。

——深刻な問題だと思います。在県枠自体は新来の子にとっては非常に重要な制度ですが，一方長年日本にいる地元の南米の子どもたちが進学をせずに働いてしまっているというのは，鶴見という地域社会にとってもどうなんでしょう。

○山本　そうです。よくないことかもしれません。結局，可能性がここで途切れてしまいます。この地域の力が絶対あるはずなのに。

在県枠自体の意義は大切だと思いますし，いろいろな国籍の子にとって門戸が開かれることは重要ですが，やはり地元にある高校という意味も忘れずに，そういうことを取り出し授業などにも反映できると良いと思います。

7. 避けて通れない生徒の背景の把握——家庭・母国

——最近の生徒たちの家庭的な背景の傾向は。

○山本　家族で来ている人とか，あと親が日本人と結婚している子どもが多いですね。

○荻　日本人の男性との間に弟や妹ができると，その下の子の面倒を見るために，本国から呼び寄せられるという子もいます。

○山本　それは中国もフィリピンも共通しています。小さい子の面倒を見ている高校生がたくさんいます。

——彼らはまだ高校生ですが家庭のことをとても大切にしますね。それから家のためにアルバイトで働くということも。

○山本　アルバイトしたお金は親に渡すとか。

○荻　全額渡してしまう子もいるんですね。

——アルバイトしている生徒は，多いですか。

○山本　8割近くいると思います。一つだけではなく，掛け持ちで行っていたりする。

○荻　土日は朝から夜遅くまでやって，もう疲れ切ってしまって，月曜日はみんな授業中に寝てしまう。

――その掛け持ちというのは，家計や，あるいは自分のためですか。

○山本　子どもによって違うと思いますが，家計のためやマンションなど購入に使われるケースも多いようです。

――そうすると彼らの来日は，家計の労働力という側面もありますね。

○山本　そうです。

――でも一家にとっては日本でマンションを買うというのは誇りに思うことですよね。

○荻　中国に家を買ったという生徒も少なくないです。

――社会主義で個人が家を買えなかった時期が長い国なので，中国と日本で家を買うということは，なおさらステータスシンボルみたいになるのでしょうね。

――アルバイトしたお金をローンの返済に回したりすると，子どもが大学に進学したいと思っていても，資金の面で足りなくなってくることもあると思うが，親御さんはどういうふうに考えているのでしょう。

○山本　もちろん熱心な親もいると思いますが，学費の面でも子どもにまかせられている家庭もありますね。以前教えた生徒ですが，一度親御さんが経営するお店に会いに行ったことがありますけれども，「小さいころ，どんなお子さんでしたか？」と聞いたら，お父さんとお母さんが顔を見合わせて，二人で「知りません」と。

――離れていたからでしょうか。

○山本　そう。中学 3 年生ぐらいになって日本に呼び寄せたから，そのとき初めて自分の子と暮らすようになったのです。だから小さいころがどんな子だったか全然知らない。「この人，何でそんなことを聞いてくるのかしら」みたいな感じを受けて，私の方がびっくりしました。

――当然なのですね，子どもの時代を知らなくても。

○山本　長い間おじいちゃん，おばあちゃんが育てているから。そのときに，「ああ，そうなんだ」とすごくわかった気がしました。

○山本　大学進学の話に戻りますが，そんな風で，子どもは勝手に進学を決めて受験をし，合格通知が来てから，入学金を納めるときになって，なかには「学費が払えないから，大学に行かせない」という親が出てきたりもします。

——中国は，大学の学費はそれほど高くないからでしょうか。

○荻　生徒たちは国公立大学に行きたがるのですが，どうしても彼らが入れるのは私立大学になってしまうので，学費が百何十万円になると，親御さんはもうびっくりしてしまって。

——中国では逆に私立大学は非常に少ないし，ほとんどが国（公）立大学ですからそんなに沢山の学費を準備しなければならないとわかっていないのかも知れません。親御さんが学費を準備しておこうということはないのですか。

○山本　子どもの進学先を親御さんどうしで他の家や友人と比べて競い合ったり，子どもにプレッシャーをかけたりするわりには，学費や学部の選択など具体的なことについては意外と考えていないという例も見られます。

——一昔前の日本みたいですね。

○山本　そう，日本もそうだったかもしれない。

——お話をうかがっていると，日本の制度を理解してもらうと同時に，家庭・母国のことを把握することは，生徒や親御さんの行動の背景にある価値観と関係しているので非常に重要だと思うのですが，学校側からすれば，なかなか家族の問題には立ち入れないという部分が増えていますね。

○荻　そうです。あと個人情報の保護というのが，ものすごく邪魔しているときもある。

○山本　そう。結局，個人情報や家族内で起こった問題には，学校はなかなか立ち入れないとわかっているのですが，ここで切り捨てたら，この子は学校をやめてしまうし，終わってしまうかもしれない。そして日本も嫌いになってしまうみたいなところで，掟破り寸前まで行動してしまうこともあります。逆にそれが非常勤であることの強みといえるかもしれない。

でも，そこで頑張ってくれて学校をやめなかったから，いま割と幸せに人生を送っている30歳代の子たちをたくさん知っているから，つらくてもやめないでいてもらいたいと思います。

——周りはやはりそのぐらいまで踏み込むべきだと思われますか。

○山本 「べき」とは思いませんが，そこまでやらないと解決しないときもある場合には，個人情報などの形式にとらわれすぎることなく，学校など周囲の大人たちがもう少し歩み寄っていかなければならないときもあると思います。

〔日時：2012 年 3 月 13 日（火）／場所：鶴見総合高校／整理：坪谷美欧子〕

＊話し手のひとこと

インタビューでは話題にあがらなかった「名前のこと」について少しふれたいと思います。

ある中国人の生徒が「本当は日本語の読み方のほうがよかったのに……」と言ったのです。理由を聞いてみると，中国語読みを日本人が発音するととても変だから，それだったら日本語の読み方のほうがいいと言うのです。その生徒は中学校の時にある先生に，自分の国の名前を捨てるなんてとんでもないと言われ，中国語読みをするようにと言われたそうです。おそらく，その先生は，生徒のアイデンティティを大切にしたいという思いからだったようですが，この生徒にとっては，本人の気持ちを考えない一方的な押しつけになってしまっていたのです。この生徒はまだ日本語で自分の気持ちを伝えられなかったので，ずっとがまんしていたそうです。

日系南米人のなかには，日本名とその国の名前がついている人が多く，日本名だけで生活している人もいれば，母国の名前を使って生活している人もいます。日系人にとってはどちらも自分の名前です。どちらを使うかはその人の自由だと思います。

数年前に卒業したタイ出身の生徒は，タイの名前で呼ばれるのを非常に嫌がりました。理由ははっきり分かりませんでしたが，タイでの生活を思い出したくなかったようです。

このように，名前にはその人の思いがあることも忘れてはならないと思っています。

（荻　明美）

この 20 年間，生徒の出して来るサインに敏感でなければこの仕事はつとまらないし，そこをクリアできないと日本語能力も伸びていかないという思いと，それは私の日本語指導力不足の言い訳かもしれないという，2 つの思いの間でジレンマを感じつつなんとかやってきたような気がしています。

言うまでもなく鶴総の外国籍の生徒たちは，自分の意志ではなく親や周囲の事情で来日している子が大半です。多感な年頃。母国の習慣や文化をそれなりに身につけ，大切な友人と楽しく過ごしていた日々を突然断ち切られての来日。形容詞だ副詞だという括りには興味を持たなくても，「日本に来て○○い」という例題を出すと，「嬉しい」はさておき，「さみしい」，「くやしい」と心に溜めてあった感情が溢れて，「帰りたい」という“誤り”まで提供してくれる。日本語教育の王道からすると，それは外れた非効率的な方法かもしれませんが，そんな授業から少しずつ関係を作っていけることもあります。答えがないことは分かっています。
先日，鶴見川の土手で，前後に子どもを乗せた自転車で疾走中（？）の卒業生とすれ違いました。「子どもの小学校や保育園で，大人の日本語を使わなければいけないので大変。でも頑張っているから，先生も頑張って」と逆に励まされました。その笑顔を見ながら単純な私はやっぱりもう少し頑張ってみようかな，と考えていました。

（山本知子）

インタビューを終えて

第3章で紹介した梅本元教頭とともに，同校の初期の外国人生徒受け入れに携わった日本語教師のお二人に話をうかがった。お二人は寛政高校時代から20年近く，そして現在も，非常勤講師として同校に勤務されている。このお二人は，日本語の指導のみならず，来日経緯，母国や家庭の状況など生徒たちの背景を理解した上で教育を行うというスタンスを重視し続けている。この点で，鶴見総合高校の外国につながる生徒たちへの支援を語る上では欠かせないキーパーソンとなっている。

以下ではインタビューのデータにもとづき，(1)高校における日本語教育の実態と課題，(2)母国や家庭の状況への理解，(3)「鶴見」にある高校の意味，について考察を加えたい。

(1)高校における日本語教育の実態と課題

お二人は国語科の各科目（国語総合，現代文，国語表現Ⅰ，Ⅱ）の「取り出し」授業を担当している。鶴見総合高校ではさらに学校設定科目として「日本語」という授業もあるが，非常勤講師が担当できる科目は限られているため，それは専任教員が担当し，「国語」の取り出しを非常勤講師が担当するという，「苦肉の策」が採られている。

こうした複雑な状況は，鶴見総合高校一校に限られた問題ではない。そもそも，現在の日本には日本語を母語としない子どもに日本語を専門的に教えるというカリキュラムも教員免許もない。そのため，日本語を母語としない生徒への日本語指導については，国語科の教員があたることが多い。なかには，外国語教授法の知識を持つということで，英語科の教員が配置されるという対処法が採られることもある。佐久間は日本の教育課程に「日本語科」を置くとともに教員免許を正式に加えることを提唱しているが（佐久間 2005：227），日本語を母語としない児童・生徒が多く在籍する学校には，「日本語科」もしくは「JSL（Japanese as a Second Language: 第二言語としての日本語）」といった免許や資格を持つ専門教員が配置されていて当然だろう。

高校生への日本語指導には，成人とは異なる教材が必要となる。お二人が 20 年前に初めて担当した際も決まった教科書などはなく，自分たちで各所から教材を集めたという。第 4 章でも述べられているが，鶴見総合高校の日本語の授業を担当する教員たちもいまなお教材選びや作成に苦心している。とくに高校段階では，一般の日常会話である「社会生活言語」と，高校で学ぶ教科学習の内容とが相当かけ離れていることから，日常的な会話ができるとそこで満足してしまう生徒も少なくなく，低年齢に比べ学習思考言語を身につけることが一層難しいともいわれている。JSL については義務教育段階ではようやく緒に就きつつあるが，高校段階についても指導法や教材などの開発が急がれる。

インタビューのなかでも出てきているが，在学中に日本語能力試験に合格する生徒も少なくない。上記のような制度的不備がなかなか解消されないなかでは，高校が日本語能力試験を履修単位として正式に認定し，進級・卒業の際に評価することも求められる[1)]。

⑵母国や家庭の状況への理解

取り出し授業は少人数で行われるため，生徒が置かれている生活の様子や家族との関係などがおのずと明らかになる場面も少なくない。のちに問題を抱えてしまったり，トラブルにつながることもあるため，お二人とも生徒の発する些細な「サイン」に対してとても敏感だ。とくに外国につながる高校生たちは，自分がなぜ日本にいるのかということ自体を納得していない場合が少なくなく，それが理由で学習への動機づけを持てないこともある。まずは生徒に寄り添い，「声なき声」を聞き取ってやれば，「やる気」は引き出すことができるという。

1）日本語能力試験のような技能審査の成果による単位認定制度は，文科省の通知を受けて各都道府県で整備される。それを受け，各高校の校長が科目の履修とみなし，卒業単位に組み込まれるか等を決定する。神奈川県では，2012 年に日本語能力試験を単位として認めることができるようになった。

しかし非常勤講師という立場もあってか，生徒のプライベートな部分に直接的に関与することが認められず，歯がゆい思いをしていることもあるようだ。外国につながる生徒や保護者も日本の学校に馴染もうと努力をしているのだから，それと同様に教員側も，彼らの家庭や母国への理解に努めるべきであろう。母国の社会について知ることは，生徒や保護者の行動の背景にある価値観を理解することにも関係しているのできわめて重要である。

非常勤講師に限らず，近年では学校全体として家庭の問題に立ち入れない領域が増えている。それでも，学校や地域の大人たちが一緒になって外国につながる生徒たちに歩み寄ることが必要である。インタビューのなかの山本先生の「掟破り寸前」ということばに象徴されるように，ときにはそこまでの勇気が必要なのかもしれない。

⑴では専任の日本語教育の専門家の配置の必要性を指摘したが，インタビューで「非常勤講師だからできることがある」と述べられているように，「専任教員でない」立場がサポートにかえって功を奏するときもある。二人のようにときには「お母さん役」として生徒を見守れるような地域社会の人材は，高校にとっても得難い存在であろう。

⑶「鶴見」にある高校の意味

鶴見総合高校周辺の鶴見は日系南米人の集住地でもあるため，小中学校には多くの日系南米人の子どもたちが在籍しているが，近年同校への入学者はあまり多くない。彼らの「受け皿」となっていた寛政高校の頃の特徴は，薄れているといえる。現在，神奈川県立高校は全県一学区高校となっているため，この問題は同校一校で解決できる問題ではない。教育委員会による制度の見直しも必要なのかもしれない。

同校での最近の傾向としては，中国人生徒の入学が顕著で，彼らはどうしても同国人どうしの友人関係だけで学校生活を送り，日本人生徒との接点が少なくなりがちだ。寛政高校の頃には出身が多様だったため，外国人生徒どうしは日本語を使わざるを得ず，同国人だけで固まるということは見られなかったという。これについては，「地元の日系南米人の生徒も多く入学できることが，本来の鶴見総合高校のあるべき姿ではないか」と，インタビューののちにも述べられている。

寛政高校時代には，日本語の取り出しを行っている教室に日本人生徒が遊びに来ることがよくあったという。外国につながる生徒たちの努力する姿に刺激されて，進路を真剣に考えはじめた日本人生徒たちもいたようだ。「取り出し」授業の持つ意義や必要性に疑いはないが，学校のなかで「取り出し」の生徒たちを「周辺化」させない努力も必要だ。

長年にわたり一つの高校で外国につながる生徒たちに関わってきた二人の非常勤講師の経験からわかることは，在県外国人等特別募集といった制度がないなかでもここまでできるということである。もちろんそれは教員の熱意やときに「ルール」にとらわれない行動力の上に成り立っている。こうした経験がもたらす含意はけっして小さくない。このような支援を「特別な支援」としてしまうのではなく，外国につながる生徒に限らずすべての子どもの教育にもつなげていくべきものと考えられる。理想としては，外国につながる子どもたちの教育の機会が制度面で保障され，彼らを受け入れる個々の教員の力が十分に発揮されることである。その両者は互いに補い合うもので，そのときはじめて外国につながる子どもたちの学びが本当の意味で保障されるのではないだろうか。

引用文献

佐久間孝正 2005「多文化に開かれた教育に向けて」宮島喬・太田晴雄編『外国人の子どもと日本の教育――不就学問題と多文化共生の課題』東京大学出版会，pp.217-238.

第11章　国境を越えて形成される家族関係

――日本語を母語としない生徒への聞き取り調査から

（小林　宏美）

はじめに

本章は，神奈川県で2007年度から始まった「多文化教育コーディネーター・サポーター」事業の対象校である県立鶴見総合高校に，「在県外国人特別募集」で入学した生徒に対して聞き取りを行った結果を分析したものである。鶴見総合高校は，2004年に寛政高校と平安高校が再編されて開設された単位制の総合学科高校である。序章で述べたように，鶴見総合高校のある鶴見区は，戦前から外国出身者が多く暮らしてきたという地域性から，1990年代初頭には他地区に先駆けて外国人生徒を受け入れてきた歴史を持つ。現在では，外国につながる生徒を対象に，日本語クラスの設置や国語，社会などの教科の取り出し，母語保障を目的とした中国語やポルトガル語の授業など，外国につながる生徒への支援は手厚い。しかし，生徒の声にならない声をすくい上げ課題を探るためには，生徒に聞き取り調査を実施する必要があるとの考えから，2007年度から聞き取り調査を実施している。その結果，さまざまな問題点が浮き彫りになったが，本章では，主として国境を超えて形成される親子間の葛藤，母語能力を貴重な資源として捉えることの大切さという視点から考察を加えたい。

1．調査の手続きとねらい

鶴見総合高校では，教員たちの努力や他校に比べ数多くの支援が施されているにもかかわらず，勉学に専念できずになかには学校を休みがちになる，あるいは日本人生徒との交流がはかれないような生徒たちがいる，そのような生徒たちの心情について把握したいというのが聞き取り調査の目的だった。学校が理由を把握できないまま学校を去っていった生徒など，心に何かを持っているのであろうが，それを明かしてくれないケースについて，彼らの心的側面を知りたいという教員の意見を受け，調査は実施された。また，聞き取り調査では，後述するように外国にルーツを持つ者に同席してもらった。優れた通訳能力を持つ成人は地域内にもたくさんいたが，いじめや日本での苦労のことなども聞くため，多文化なルーツを持った若者であれば，同様の苦労を乗り越えており，高校生に対して1つのロールモデルを示す場としての効果を期待していた。すなわち，同校における外国につながる生徒への聞き取り調査の趣旨は，声にならない，声なき声をすくいとる目的を持っていたと同時に，多文化な若者どうしの出会いの場としても設定されていたのである。

筆者は神奈川県内で以前から外国籍生徒の教育問題に関心を寄せて調査を行ってきた。また，2009年度から鶴見総合高校の多文化教育コーディネーターとして活動に参加した[1)]。多文化教育コーディネーターとして，授業見学や放課後の学習サポート，同校教員との会話，授業見学をとおして生徒の様子を把握していくなかで，これまでの経験と多文化教育コーディネーターという立場から，以下のような課題があると考えた。

この事業の支援対象となる生徒たちは，本人の意志にかかわらず親の都合で来日した者が少なからずおり，日本社会における生活基盤が十分確立されているとは言い難い。その意味で，高校での居場所を作っていくことが重要である。また，日本での生活において日本語は不可欠であるため，日本語の指導が求められる。同時に教科についていけるだけの日本語及び学習言語能力をいかに向上させるかが課題となる。大学進学を希望する生徒にとって，入学試験に対応できる学力や学習の習慣を早い段階から身につけておくことが大切であり，そのために教科指導に力を入れていくことが求められる。そして，ホスト社会のなかで文化的言語的少数派であ

1）多文化教育コーディネーター事業については，第12章に詳しい。

る彼・彼女らの母語・母文化を保障することで，彼・彼女らの肯定的なアイデンティティの形成に貢献すること，日本語を解さない親とのコミュニケーション不全を解消することも重要な課題と考える。

本調査の概要であるが，神奈川県の「在県外国人等特別募集」で入学した新入生を対象にして，2009 年度は 8 名（中国 6 名，フィリピン 2 名），2010 年度も同じく 8 名（中国 4 名，フィリピン 2 名，ボリビア 1 名，ブラジル 1 名）に聞き取り調査を実施した[2)]。

聞き取り調査では，高校側の目的と筆者が課題と考えることを兼ね備えた調査項目を検討した。生徒たちの目から見た渡日，家族，日本語・母語の状況，日本語や教科の学習，母国の学校との比較，鶴見総合高校の志望動機，得意な科目と苦手な科目（母国と日本とでの変化），高校生活，日本人生徒との関係，親との関係，進路希望等である。

実際には放課後に学校内の教室やカウンセリングルームにて，日本語が不自由な生徒には母語（中国語やポルトガル語。フィリピン出身の場合は，英語）の通訳がつく形で，平均 1 時間から 2 時間程度実施した。

聞き取り調査は彼・彼女らの抱える問題を尋ね，今後の課題を探ることを目的としていたが，これに加え調査をとおして生徒自身が何かに気づき自分を客観視する機会となるよう工夫した。そのため本調査には，外国にルーツを持つ大学生や母語話者が同席し，自身の経験や考え方などについて共に語ってもらった。とくに同じような経験をしてきたサポーターの口から，進学や進路決定の大切さ等を語ってもらうことで，日本において多文化な背景をメリットとして生かせるようなロールモデルの提示の効果も見られた。生徒側からは母国と日本の学校生活の違いや家庭生活における戸惑いなどについての話も聞かれた。2009 年からは，インタビューの内容をその場で，外国人支援担当教員に逐一伝え結果については生徒の担任も閲覧できるように共有した。

聞き取り調査の結果については，2010 年 3 月に校内人権研修会での講演会で，「外国につながりを持つ生徒の現状と課題について」というテー

---

2) 聞き取り調査に参加してくれた生徒の語りには，プライバシー保護の観点から順番にローマ字で仮名をつけている。また，生徒の語りは，発言内容を整理するために，一部（　）で言葉を補った。

マで，生徒への聞き取り調査をもとに作成したシナリオをもとに教員が独白形式で発表し，その後教員によるグループ討論の機会を持った。

2．日本語を母語としない生徒の抱える課題

(1)国境を越えて形成される複雑な家族関係

国境を超えて移動する移民もしくは出稼ぎ労働者の家族には，さまざまな状況にともなう複雑な家族像がともなう。これは移民労働者を国の発展要素と位置づけて，歴史的に大量の移民を受け入れてきたアメリカ合衆国の場合にとくにあてはまるだろう。筆者が 2010 年 3 月に，ロサンゼルスの公立高校を訪問した際に，ある教師から中米系の移民家族は，子どもが小さいときは出身国で祖父母や親類に預けられ，ある程度大きくなってから親に呼び寄せられるケースが多いと聞いた（小林 2011: 30）。そのため，親子が再会した後も，通常の親子間に見られるような信頼関係が築けずに悩んでいるのだという。

親子が再会した後，良好な親子関係が築けずに悩む姿は，鶴見総合高校の生徒にも重なる。筆者が聞き取りをした生徒たちは全員が来日する前に両親と離れて暮らしていた経験があった。なかには幼い頃から，両親と離れて暮らしているために，実の両親よりも育ててくれた祖父母やおじ・おばになついており，来日し日本ではれて親子の生活をはじめてもぎくしゃくした関係が続いているケースも見られた。さらに，母国に小さいきょうだいを残したままのケースもあった。

❖中国人生徒Ａ

最初はＹ区のアパートに家族全員が住んでいました。家が狭くて，お父さんの連れ子の兄とは言葉も通じないし，変な感じで，居心地は悪かったです。そのうち兄弟の１人がＳ町にアパートを借りて住みはじめ，自分もＨ区の小学校の日本語補習教室に通うようになったので，結局週に４～５回はその兄弟のアパートに泊まるようになりました。中国にいたときも，お母さんが買った家に１人で住んでいたので，１人暮らしには慣れているからなんとも思いませんでした。その後，家族が引っ

越しをして，お父さんの連れ子の兄も家を出たので，自分たちは家に戻りました。

❖中国人生徒 D

父は 10 年くらい前に日本に来て，日本に自分の会社があります。母は中国に仕事があり，自分たちの家もあるので日本では暮らさないっていっています。日本で父と 2 人暮らしをしているが，今，父は 2 ヵ月の予定で中国に帰っているので，今は 1 人です。

家では料理を作る人がいないので，食事はいつも外食です。朝はコンビニのパンと牛乳を買って食べています。

❖フィリピン人生徒 B

現在は，両親と私の 3 人暮らしです。フィリピンで生まれ育ったのですが，去年の 4 月におばさんと 2 人で来日して，4 月から 7 月まで I 県のそのおばさんの家で暮らしていました。そのとき，地元の中学校に入りました。それまでは旅行で日本に来る程度で住んだことはありませんでした。両親はずっと日本に住んでいて，9 月に私を T 市の今の住まいに呼び寄せて一緒に住んでいます。

また，国境を越えての移動は，親戚のなかで一家族だけという場合は少なく，出身地域から先に来日している親類のいることが多い。なかには来日前に香港に住んでいた者もあり，中国出身者の場合は，国境を超えて数ヵ国間で形成された親族ネットワークがあることも聞き取り調査から窺えた。

❖中国人生徒 E

親戚は（日本に）たぶん，いとことおじいさんおばあさんで 20 人くらいいます。……僕はたぶん最後に日本に来たのだと思います。

❖中国人生徒 C

（日本にいる親戚は），お母さんのお姉さん。あと，おばさんの娘です。

⑵望んでいなかった来日と親子間の溝

来日前に，筆者が聞き取りをした生徒たちは全員が両親，もしくは親の一方と離れて暮らしており，後から親に呼び寄せられた経験をしていた。1人もしくは他のきょうだいとともに来日した場合がほとんどである。母国では祖父母やおじおばなどの親戚に預けられて暮らしていたケースが多い。なかには，呼び寄せられるまで1人で暮らしていたケースもあった。兄弟姉妹がいる場合，先に年長の子どもを呼び寄せ，順に下の子どもを呼び寄せるというケースが多い。なかには，まだ小さいきょうだいを母国に残しているケースもあった。

問題となるのは，親が子どもの意に反して子どもを日本に呼び寄せた場合である。来日後に親と同居生活をはじめても，簡単に親子の絆を再構築することができず，むしろ無理矢理日本に連れてこられたことに少なからず反発を感じているケースも見られた。

❖中国人生徒A

私たちはもともと日本に来たいとは思ってないです。仕方がなくついて来ただけで，やはり中国に住みたいです。

再婚したお母さんは最初に一番上の兄弟を呼び寄せました。2～3年たって，去年に自分と一番下の兄弟も呼び寄せましたが，一番下の兄弟が日本になじめずすぐに中国に戻りましたが，今年3月の春休みに自分が中国に帰って，その兄弟を日本にまた連れ戻しました。

❖中国人生徒D

2年前にちょっと日本に旅行で来て，お母さんに日本に行きなさいっていわれたから,仕方がなく日本に来ました。（中略）（日本に来た）理由は,「中国の大学への進学が難しいから」といってました。

以上のように，親子が長らく離れて生活していたため，親子間に心理的距離が生じたままなかなかその溝を埋められずにいる。

❖中国人生徒A

お母さんは厳しいです。それは，今まであまり一緒に生活していなかったからです。小さいときから離れていたので，自分に負い目があったからでしょう。今でも私はお母さんより，おばあちゃんのほうになついているもの。

⑶家庭での会話の言語

家庭での会話は，親が日本で仕事をしていて多少日本語ができる場合も基本的には母国語である。中国出身者の場合，標準語（北京語）を使うが，地方出身者は地方の方言（福建であれば福建語，南京であれば南京語）を使うことも多いようだ。また，きょうだいがいて，どちらも日本の学校に通っているケースでは，日本語を交えながら会話することもあるそうだ。

❖中国人生徒E

父親とは方言でしゃべるけど，おねえちゃんとは方言も多いけど時々日本語。

さらに，母親が日本人と再婚している場合，日本人の父親とは日本語で話しているという。

❖フィリピン人生徒A

お父さんと話すのは日本語で，お母さんと英語とフィリピン語（タガログ語）。

⑷日本語及び教科の授業と地域の学習教室

日本語については来日してから習い始めた人がほとんどである。聞き取りをした生徒たちの日本語レベルは，概して来日年数と比例する傾向にあった。すなわち，滞日年数の長い人ほど日本語能力が高い。日本語を母語としない生徒たちにとって，日本語力がそれほど求められない数学や英語の授業についていくのはそれほど難しくはないようだ。しかし，出身国で学んでこなかった科目，とりわけ家庭科については，初めて聞く用語が少なくなく苦労している生徒が多い。

❖中国人生徒A

理科，数学，英語は授業の半分を聞いて，半分は寝ているような状況でも成績はまあまあ取れます。それは中国にいたときに勉強したことがある内容だからです。やはり中国では触れたこともない科目だと，たとえば社会（地歴と公民）と家庭科は，まったく分かりません。

❖中国人生徒B

日本語とあまり関係のない科目，たとえば英語・数学などの授業については，大抵分かります。だいたい，まあ60%～70%理解できます。ただ，リスニングはいいですけれども，やっぱり自分の表現を相手に伝えるのはまだまだです。

取り出しの授業では，先生は外国人生徒に超やさしい言葉で説明してくれるので，分かりやすいです。普通クラスでの授業だと，（中略）たとえば，理科と家庭科，そう，家庭科などは訳が分からない。

❖中国人生徒F

好きな科目は数学，保健と英語，体育も好きです。理由は，数学は計算が好きだからです。英語はしゃべれるようになりたい。体育はバレーボールが好きです。苦手な科目は，家庭科です。難しいし，テストであまりいい点が取れないからです。

取り出しの授業では，先生が理解できるまで一生懸命教えてくれるけど，家庭科になるとそうはいかない。中国には家庭科の科目がなかったので，分からない言葉が出てくると理解できないです。たとえば，家族関係でね，「何代」「一親等」とか「二親等」とかいわれると全然分からない，そういうようないい方を中国ではしないし，そういう授業もありません。

学校に日本語教室がある場合，そこで日本語を勉強することができる。ほかに日本語を学習できる場として，地域に外国籍の子どもたちのための学習教室があり，そのような学習教室に通っている生徒も少なくない。あるブラジル出身の生徒は，ブラジルで中学まで終えて来日し，最初に公文に通った後，地域の学習室であるＧ館に通った。その後，フリースクールと夜間中学に並行して通っていたと語っていた。学校の勉強の補習という目的で通っている場合が多いが，なかには高校受検を控えて地域の学習教室に通い始めた生徒もいた。

❖中国人生徒Ｄ

日本に来てから，中三まで週に１回行って，日本語を勉強していた。受験のとき，高校の受験，やりたいならばと先生に（いわれて通い始めた）。

⑸学校からの保護者宛の手紙

学校から渡される保護者宛の手紙は，保護者に見せても理解できないという思いから，生徒たちは初めから保護者に見せないか，あるいは自分が通っている地域の学習室の先生に訳してもらうことがよくある。

❖中国人生徒Ａ

（学校からのお知らせは）何の意味があるのかは分からないので，親に渡さずに捨ててしまいます。

❖フィリピン人生徒Ｂ

学校からの手紙で分からないことは，Ｇ館の先生に聞きます。そして私がそれをお母さんに説明します。Ｇ館は自転車で通う距離でちょっと遠いです。

⑹子どもの教育に対する保護者の教育支援の困難さ

一般に，日本の教育を自ら経験していない親たちは，日本の大学のシステムについての知識を持ち合わせていないため，大学受験に関する情報を子どもに提供できない。また，日本社会のなかで高等教育を受けるメリットはどのくらいあるのかも把握できていないこともある。子どもに学校や勉強，将来の進路等についてアドバイスができない様子が聞き取り調査から窺えた。

❖中国人生徒 A

まだ考えていません。というより，何も情報がありません。現役で入れなければ浪人でも再挑戦できるでしょう。日本人もそうしているように。やはり，大学に行かなければ馬鹿にされるし，笑われてしまいます。

❖中国人生徒 B

うちはもうほぼ放任主義だから，私が自分ですべてを決めるので，（大学進学は）親も了承済みだと思います。

❖中国人生徒 B

両親は自分に対して，もう高校生だから，自分の事は自分で決めてっていわれています。

❖中国人生徒 C

両親は焼き肉屋をやっていて月曜日だけが休みで，一緒にいる時間はあまりないです。両親とは，中学３年のときに進路のこととかよく話をしていたけど，今は忙しいし，用事があるときだけですね。

⑺将来の展望

卒業後の進路については，「たぶん」または，「できれば」と前置きをしながらも，ほとんどの生徒が大学進学を希望していることが聞き取り調査から分かった。ただし，聞き取りをした生徒たちがまだ１年生であったためと思われるが，具体的な話になると曖昧な返答が帰ってくる場合が少なくない。それは，学費の面や大学に関する情報，どこにどのような大学があり，どのような勉強をすればよいのかなど生徒だけでは解決できない問題があることにもよる。それでも概して，生徒たちは将来に対しては明るい未来を展望していた。

❖中国人生徒 F

大学には行きたいです。大学では理系を専攻したいです。お兄ちゃんは 18 歳で，大学を希望しているんだけど，どうしても日本語の方がね，ちょっとまだそこまでできてないので，「ほかの学校はどうか」って先生にいわれているんです。そちらの学校でも，いいですよっていうんだけど，お兄ちゃんまだ決めかねているようです。今，ちょっと心配なのはね，自分が，もし大学入りますよね。そうすると，その頃にはお兄ちゃんも入っているので，両方で大学はちょっと経済的な面が心配です。

❖フィリピン人生徒 A

たぶん，大学に行くと思います。たぶん，フィリピンの大学。理由は，フィリピンの勉強もしたいから。コンピューターのエンジニアになりたいです。向こうのほうが学費は安いし，私立大学だと日本は 5 倍くらいかかります。日本の学校に通っているので，受験は特別枠で受験できると思います。たぶん，三教科とか。大学を卒業した後は，また日本に戻ってきたいです。

❖中国人生徒 D

大学はできれば，行きたいです。できないならば，まあいいわ。お父さんはとくに何もいわないです。将来のことは，全部自分で考えて決めなさいっていってます。将来はやりたいことがたくさんあります。

❖中国人生徒 A

夢？あります。いっぱい。小さいときから親とはなれて，周りの友だちに助けてもらっていたので，将来，その友だちと一緒に会社をやりたいと思っていました。今は，給料の高い通訳とかになりたいなと思っています。

考　察

最後に，鶴見総合高校に在籍する日本語を母語としない生徒への聞き取り調査の結果を，家族関係のあり方という観点から考えてみたい。筆者が聞き取りをした生徒たちは全員が来日前に親と離れて暮らしていたことが分かった。その理由はさまざまであるが，親が日本で仕事をしていて，親自身の生活がある程度安定してから子どもを呼び寄せるというパターンが一般的であった。その間，子どもは母国で祖父母や親戚に育てられることになり，子どもは自然と自分を育ててくれている祖父母や親戚になついてしまう。日本で働いている親にある程度のゆとりが出てくると，子どもを呼び寄せることになるが，離れて暮らしていた間にできてしまった親子の心理的溝を埋めることは容易ではない。それは，「お母さんは厳しいです。なぜかは分かる？　それは，今まであまり一緒に生活していなかったから」という言葉や「夢？　あります。いっぱい。小さいときから親とはなれて，周りの友だちに助けてもらっていたので，将来，その友だちと一緒に会社をやりたいと思っていました」という親から自律的な態度に現れている。さらに，ほとんどの生徒にとって，来日自体おもいがけない出来事で，必ずしもそれを望んでいたわけではなかったことが，親子関係の再構築をさらに難しくさせる要因となっている。そのため念願がかなって子どもを呼び寄せて一緒に暮らせるようになった親の心情とは裏腹に，子どもは戸惑いつつ，ある種冷めた目で親や自分の境遇を見ていることが聞き取りから窺えた。

聞き取り調査では，言語能力の調査項目を入れた。「在県外国人等特別募集」の志願資格が，「入国後の在留期間が通算3年以内の人」でかつ「外国籍を持っている人，または，日本国籍を取得して3年以内の人」という条件があるため，総じて，生徒たちは日本語に比べて母語の能力が高い。「聞く」「話す」「書く」「読む」の4つの技能について，母語に関しては，ほとんどの生徒が4段階のうちもっとも高い値を自己申告した。日本語に関しては，平均して「2（あまりうまくない）」レベルと自己評価した。これらのことから，聞き取りに応じてくれた生徒たちの喫緊の課題は日本語力であると思われる。しかし，彼・彼女らが将来にわたって日本を生活基盤としていくのか，あるいはいずれ母国に帰るのか，あるいはそれら以外の道を選択していくのかは分からない。

一般に，移民家族の問題の1つとして，親子間のコミュニケーション不全が指摘されている（太田 2005: 62; 小林 2005: 146）。子どもはホスト国で教育を受けるためにホスト国の言葉を獲得していくが，その損失として自分の母語を喪失していく。一方，親は毎日の仕事に追われホスト国の言語を勉強する機会に恵まれず，ホスト国の言語がなかなか上達しない。その結果，親子間でコミュニケーションがうまく図れないという問題が生じるのである。その点，今回の調査対象となったケースでは，母語がある程度確立していると考えられる生徒たちが多く，親子間で意思疎通が問題となることは想像しづらい。実際，生徒たちは，親と母語で会話をしていると答えていた[3)]。

それでは，彼・彼女らが身につけている母語能力に関心を払う必要はないのかというと，必ずしもそうとはいえないだろう。彼・彼女らはこれまでの人生の大半を出身国で過ごし，母語で多くのことを理解し，経験し知識を獲得してきたのである。彼・彼女らがすでに有する母語能力を貴重な資源と捉えて教育活動に活かしていくことが，1 つの有効な方策となるのではないだろうか。カミンズ（Jim Cummins）の共有基底言語能力モデル（common underlying proficiency model）によれば，人間の言語機能は氷山の形に例えることができる。第一言語と第二言語は表面的にはまったく異なるものとして表れるが（氷山の 2 つの山），両言語は水面下で同じ認知システムでつながっている（Cummins 1986; ベーカー 1996）。したがって，第一言語で獲得した概念は，容易に第二言語に転移することが可能である。すなわち，聞き取りをした生徒たちのように，一定の母語能力を持ち，言葉の概念を母語で理解できるのであれば，新しく学ぶ言葉についても母語で説明してあげるほうが理解が早いだろう。実際，筆者が鶴見総合高校である取り出しの授業を見学していると，生徒たちが先生の説明をお互いに母語で確認しあっている場面に何度か遭遇した。理想としては，すべての授業に母語話者を通訳として配置することであろうが，予算の面で制約がある。そこで考えられる方法として共同学習がある。

共同学習については，第 8 章でアメリカ・ロサンゼルスの高校における

3）本調査の聞き取り対象者は，いずれも「在県外国人等特別募集」で入学した者で母語の能力が優位な生徒ばかりであったが，ほかに鶴見総合高校には母語が確立しない年齢で来日している生徒も在籍している。.

教育実践例として，言語的マイノリティ生徒を含む多様な背景を持つクラスでの共同学習の教育実践例を紹介した。共同学習は，多様な文化的背景を持つ生徒のいるクラスで行うことで効果が期待できる。一般に，グループで1つの課題に取り組む学習活動の形態をとるが，その際ホスト国の母語話者と非母語話者を同じグループに入れるようにして，個々の生徒の多様な経験や知識，関心を，グループ学習を進めていく上で活かしていくのである。日本の教育環境で直ちに実践に移せなくとも，その理念を踏まえてそれぞれの教育現場に適した形で適用していくことができるのではないか。生徒のなかには，将来の職業として通訳になりたいと答える者が何人もいた。日本語と母語を生かした職業選択の可能性に道を開くこと，コミュニケーション・ツールとして母語を忘れずに，家庭で家族と母語で会話をし続けることで親子関係を再構築することなど，さまざまな可能性が広がると思われる。

引用文献

ベーカー，C. 1996 岡秀夫訳『バイリンガル教育と第二言語習得』大修館書店.
Cummins, J. and Merrill Swain, 1986 *Bilingualism in Education*, London: Longman.
小林宏美 2005「『中国帰国者』の子どもの生きる世界——文化変容過程と教育」宮島喬・太田晴雄編『外国人の子どもと日本の教育』東京大学出版会，pp.139-154.
小林宏美 2011「英語を母語としない生徒に対する言語教育——カリフォルニア州の公立高校の事例研究から」『関係性の教育学』10(1), pp.27-37.
太田晴雄 2005「日本的モノカルチュラリズムと学習困難」宮島喬・太田晴雄編『外国人の子どもと日本の教育』東京大学出版会，pp.57-75.

第12章　多文化教育コーディネーター事業による高校との連携
——生徒と地域社会をどうつなげるか

（坪谷　美欧子）

はじめに

本章では，教育現場である高校に「多文化教育コーディネーター」という外部の支援者が介入することにより，人権，多文化共生，多文化教育や外国につながる生徒への支援にどのような影響を与えることができるのか，その現状と課題そして可能性について鶴見総合高校における実践から検証する。外国につながる子どもたちの支援を考えるとき地域や家庭の問題は切り離すことができず，校内の力のみでは解決できないことも少なくない。学校が地域の資源をどう活用するか，また地域に開かれた学校をいかに作り上げるかという問題は，全国的な課題となっている。

はじめに，外国につながる子どもの支援のために学校と地域とがどう連携するのかという課題について，これまでの研究成果から整理してみたい。学校は，家庭や地域の要望や要求を知ることから教育課題を明確にし，地域の物的・人的な教育資源を活用することで，教育内容をより充実したものにすることができる（松尾 2007:134)。外国につながる生徒の支援のためには，校内のハブの役割を果たすニューカマーの職員や教育サポーターが必要となる。彼らの役割は，生徒の学習支援や進路支援にとどまらず，日本人生徒や日本人教師との人間関係作り，学校に多文化を根付かせること，さらには保護者と学校を繋いで生活相談や進路相談に乗ること等非常に多岐にわたる（新保 2008：93)。しかし，このサポーターが学校全体に位置づけられていないがゆえに，日本人生徒や教職員に認知されず，孤立しながら仕事をしている高校もあることが指摘されている。外国につながる子どもの教育にとって有意義な存在である教育サポーターにもかかわらず，その地位が専任であることはほとんどなく，単年度契約といった不安定なものであり，十分な収入の保障がないなど兼業せざるを得ない（新保 2008:94）。このような現状は，どの地域においても共通して見られており，外国につながる子どもたちへの教育支援を継続かつ安定的に行う上での深刻な阻害要因となっている。

しばしば指摘されることだが，アメリカの学校では，教科指導を担当する教員だけでなく子どもの教育をサポートするそれぞれの分野の専門スタッフが多く雇用されていて，非常に均質な教師集団である日本の学校とはずいぶん異なる。たとえば，スクールカウンセラー，臨床心理士，ソーシャルワーカー，ESL（第二言語としての英語）教師などが挙げられる（野津 2007:43）。アメリカの ESL 教師は教科以外の限定的職務を遂行するが，本来的な教科の教授専門家として行動できないストレスや「バーン・アウト」が指摘されている（松尾 2007:92）。日本においても，日本語指導員や母語指導員が子どもたちの生活面へ関与せざるをえないため，個人的な負担を過度に増やしてしまうという例はよく耳にする。

またこうした現場へ研究者が介入する場合には，研究者と現場が実践的な問題解決を目的として調査研究を行う「アクション・リサーチ（action research）」も有効な手法であろう。研究者と現場とが調査者―被調査者・調査対象者といった一方的な関係を築くのではなく，研究者は双方向的なファシリテーター（facilitator）の役割を果たすことも大切である（松尾 2007：191）。

1．鶴見総合高校での多文化教育コーディネーター事業開始に至るまで

(1)多文化教育コーディネーター・サポーター事業について

神奈川県立高校では 2007 年度より「外国につながりを持つ高校生の学習等支援事業」の 1 つとして「教育コーディネーター・サポーター」事業（2008 年度からは「多文化教育コーディネーター・サポーター」事業）を開始している[1)]。この事業の実施主体は，神奈川県教育委員会と NPO 法人「多文化

共生教育ネットワークかながわ」（以下，「ME-net」）の協働で進められている。この事業の趣旨・目的は，外国につながりを持つ生徒が在籍する高校に，地域で支援にあたっている「多文化教育コーディネーター」を派遣し，各校・生徒のニーズを把握し，必要なサポートが可能な人材（「サポーター」や通訳など）の派遣により，「急速に進む地域の国際化に対応した高校づくりを促進」することである。具体的な活動としては，日本語や教科の学習支援，母語による支援，面談時の通訳や文書の翻訳等である。

2007年度の対象校は，鶴見総合高校を含む4校での試行事業であったが，2008年度からは本格的な事業として運用され9校で，2009年度は12校，2010年度は13校，2011年度・2012年度ともに15校（全日制9校，定時制4校，通信制1校）と，実施校も年々増えている。実施校はいずれも「在県枠」を持つ高校もしくは支援を希望した高校である。財政的な基盤としては，神奈川県教育委員会「日本語を母語としない生徒支援者派遣」事業，およびME-netである。年度によって変わるが，一校あたりに教育委員会から年間30万円程度とME-netからの数万円程度の予算がつき，その枠内で「多文化教育コーディネーター」と当該校が協議して，「多文化教育コーディネーター」と「サポーター」の交通費および謝金に対する支出に充てることが決められている。

ME-netが作成した「多文化教育コーディネーター規定2012」によると，多文化教育コーディネーターの選定方法は，ME-netが，地域や学校での支援経験や日本語教育・多文化教育に関する専門性などを考慮して，対象校に候補者を推薦・決定する。高校はこの過程に関与しない点が特徴的である。活動内容は，当該校や在籍する外国につながる生徒の実態を把握し，どのようなサポートが必要・有効か判断し，当該校と協議して「サポーター」を派遣する。「サポーター」については，多文化教育コーディネーターと当該校が協議して決定し，必要に応じて日本語や教科の学習支援，母語による支援，交流活動の支援，通訳支援等を行うことになっている。

鶴見総合高校では在県枠を持つ高校として多くの外国につながる生徒を抱えていたという事情もあり，2007年の試行当初より当事業を導入し，

1）神奈川県内の各校における多文化教育コーディネーター事業の詳細については，吉田2010; 2011を参照のこと。

図1　事業イメージ図

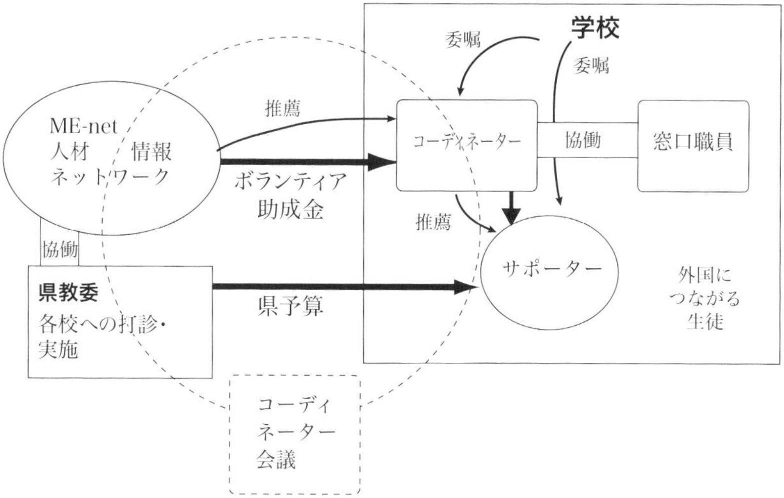

（吉田・山田 2009）

2007～2008年度が坪谷，2009年・2010年度は小林，2011年度から坪谷と，本書の編者である2名が同校において，多文化教育コーディネーターを担当している。

⑵多文化教育コーディネーターによる事業提案

鶴見総合高校での多文化教育コーディネーター事業が開始された2007年当初は，外国人の生徒を中心に彼らの円滑な適応と学習サポート体制を全校的に整えるための助言を行うということで相談を受けた。ただし同校ではすでに，日本語指導，母語保持，放課後学習支援，進路支援，翻訳・通訳支援など，県内の他校には見られない幅広い支援体制が存在していた。

そこで，筆者が外国につながる生徒への日本語教育や教科指導を専門とする者ではないこと，そして同校ではすでにさまざまな支援を行っていることを確認した上で，まずは「外国人生徒支援担当」の会議に筆者も出席させてもらうことにした。1～2ヵ月に1度程度，何が必要かということについて，支援担当の教員たちと議論を重ねた。その結果教員から出されたのは，教員たちの努力や他校に比べ数多くの支援が施されているにもかかわらず，勉学に専念できずになかには学校を休みがちになる，あるいは日本人生徒との交流がはかれないような生徒たちの心情について，何とかして把握したいということだった。学校が理由を把握できないまま学校を去っていった生徒など，心に何かを持っているのであろうが，それを明かしてくれないケースが問題点として挙げられ，彼らの心情を知りたいという声が寄せられた。また話し合いのなかでは，同じ国の出身どうしで固まってしまい，日本人生徒との交流が少なくなることにより日本語上達のチャンスが失われてしまっていることの懸念など，日本語の習得を目的とした日本人との交流を増やしたいという主張も見られた。

数回の支援担当者との話し合いの後，2007 年 6 月には筆者は，教員たちが多くの努力を払い支援を行いながらも，学校全体としての外国人生徒受け入れについての方向性がやや不明確な点を指摘した。当年度の目標として，現在ある支援体制をより有機的に機能させるには，外国につながる生徒の抱える問題をリサーチし課題を探る必要性について伝えた。とくにこの課題については，「そのことをとおして生徒自身が気づく機会となるよう配慮する」「その課題を広く校内（一般教員・日本人生徒）で共有する」という目標を掲げ，これらの経験をとおして「同校を豊かにする契機とする」という提案を行った。具体的な状況把握として，授業見学，関係者へのヒアリング（担任，非常勤講師，また直接外国につながる生徒たちを理解するためのアンケートもしくはインタビュー）などの調査を実施すること，学内イベント，文化祭などをとおして日本人生徒との交流をはかることなどを提案した。また日本で多文化な背景を持ちながら生きる「モデル」の提示としては，同じような背景を持つ大学生などを「サポーター」として派遣し，同校の生徒との交流を活発にすることも大切であることを提案した。

こうした提案に対して，日本人生徒との交流促進や日本語力の向上という「目に見える」形の支援を期待していたにもかかわらず，「外部」から推薦されたコーディネーターである筆者からの提案がまず調査活動であったことについて，教員・管理職は少なからず戸惑いを見せていたことも確かだった。そのため調査実施にあたって注意した点は，調査結果を職員研修などで発表し校内で経験や認識の共有を目指したものであることをあらかじめ了解してもらうことだった。筆者自身も，研究者やフィールドワーカーとして現場に入り研究を目的とした調査を行うのとは異なり，教育実践の場にいかに具体的に介入するかについて明確な判断に迷っていた。

3．多文化教育コーディネーター事業による活動―― 2007-2011 年度

(1)教員への聞き取り

取り出し授業や原学級への見学および予備調査の結果，同校では県内の他校には見られない豊富なサポート体制があることがわかった。また在県枠が設置され，2005 年には神奈川県立高校の学区制が廃止されていたことから，鶴見地区内の生徒が集まる高校というより，横浜・川崎地区という広域的な外国籍生徒の受け入れ校へと変化していることも明らかになった。そのため，日本語だけでなく取り出し授業や母語授業も多いのだが，一方でもしかしたらこうした多くの取り出しを受けている生徒にとっては，日本人生徒との交流の機会が少なくなってしまっているのではないか，日本人生徒にとっても外国につながる生徒たちの多様性を知る機会が減るという，システムが整備されたことによるある種の「弊害」も感じざるをえなかった。つまり多くの外国につながる生徒が在籍しているにもかかわらず，そうした特徴が生かされにくく，かえって「見えない」存在にしてしまっているのではないかという懸念を抱いた。

同年の 7 ～ 8 月には，外国につながりを持つ生徒を「個別支援授業」(取り出し授業) で指導する，5 名の非常勤講師へ，また 8 ～ 10 月には担任教員 14 名に対して，聞き取り調査を行った。それぞれの質問項目は，教科指導における困難な点 (出身地域，漢字圏／非漢字圏，入試区分，滞在年数と来日年齢，による違い)，母語や母文化の修得が学習に及ぼす影響，担任や教科担当との連携体制，外国人生徒が多く在籍することによる高校への利点などである。進学，就職など卒業後の進路を含めた将来像についても尋ねた。日本語および教科学習の問題としては，親の仕事や再婚などで来日が決まり，一部の生徒自身にとっては来日や滞在の意味がやや不明確なゆえに学業へのモティベーションを維持しにくいことが明らかになった。また外国につながる生徒にとっては日本人生徒と交流したいという気持ちは強いが，すでにできあがっている「輪」のなかに入りづらいといった声も間接的に聞こえてきた。学内体制としても，外国につながる生徒や保護者が抱える

問題がどうしても日頃多くの時間を接する取り出し授業の担当教員や母語通訳者から知らされる傾向があり，担任が把握することの難しさも浮き彫りになった。こうした問題の解決には料理や踊りなどの一過性の「国際交流」イベントだけではない継続的な手法が必要で，通常の授業のなかで彼らのルーツや移動の背景を考えたりすることも必要ではないかと考えた。

⑵生徒への聞き取り

生徒の個人情報保護の観点から，学校側に調査の趣旨を理解してもらうことやインタビュープログラムの修正などに時間を要していた聞き取り調査の許可がようやく下り，年度の最後には，外国につながる生徒への聞き取り調査 10 名に着手することができた。聞き取り調査は彼らの抱える問題を尋ね課題を探ることを目的としていたが，これに加え調査をとおして生徒自身が何かに気づき自分を客観視する機会となるよう配慮した。そのため本調査には，筆者が勤務する大学に在籍する中国・フィリピン・ペルーにルーツを持つ大学生が同席し，自身の経験や考え方などについて共に語ってもらった。まだ日本語が不自由な生徒に対しては，大学生と筆者とで，母語による聞き取り調査を行った[2)]。

結果としてこの聞き取り調査では 2007 年度から 2008 年度にかけて，合計で 38 名（中国 23 人，フィリピン 12 人，韓国 1 人，台湾 1 人，ペルー 1 人）に実施することができた。この結果については，校内の人権研修会での講演「外国につながる生徒たちにとっての日本の高校で学ぶこと」というテーマで，生徒への聞き取り調査をもとに筆者が作成したシナリオをもとに教員が独白形式で発表し，その後教員によるグループ討論の機会を持った。

2009 年度からは，筆者の海外研修で日本を不在にしたため，新たに小林宏美氏がコーディネーターとして担当することになったが，生徒への聞き取り調査は続けられた。また 2009 年度からは，とくに新入生を重点的に対象とし，母語話者が同席・通訳する形で実施することにした。その結果もその場で担当教員へフィードバックし記録を行い，担任に伝えるという体制が取られるようになった。2009 年には 1 年生 8 名，2010 年度には

2）聞き取り調査の詳細については，前章を参照のこと。

8名，2011年も11名に聞き取り調査を実施し，本事業の中心的な活動として継続している。

⑶モデルの提示および大学生との交流活動

聞き取り調査をとおして生徒の周りには，日本社会において多文化な背景を持ちながら活躍する同世代の若者との出会いが少ないのではないかと考えたため，筆者の大学の授業に鶴見総合高校の生徒をゲストとして招くなど，地元の大学生が主体的に外国につながる子どもたちへの教育支援に関わる可能性も模索した。

その一つとしては，生徒にとっての一つのモデルや目標をもってもらうために，2008年7月には訪問を希望した中国系生徒5名を筆者の勤務する横浜市立大学の総合講義A「多文化社会と異文化理解」という授業にゲストスピーカーとして招聘し，大学生との交流会，キャンパスツアー，学食体験等などのプログラムを実施した。

①大学での交流会の様子1

②大学での交流会の様子2

③キャンパスツアー

④学食でのフリートーク

聞き取り調査の結果からは，外国につながる生徒たちを中心に，日本人生徒の参加も含めて，彼らの声を聞く場を定期的に設ける場の必要性も明らかになり，担当教員の要請により2008年の後期より「しゃべり場」が設けられるようになった。週一回の放課後の学習サポートの延長として，「フレンドリー・チャット LUCERO」の開催を決めた。

「フレンドリー・チャット LUCERO」という名称は，中国とペルー出身の2人の大学生サポーターが考えたもので，「誰とでもつながれて，知らない生徒どうしでも軽い気持ちで集まろう」という，「しゃべり場」としての意味が込められていた。「LUCERO（ルセロ）」とは，スペイン語で「大きく輝く星」という意味の言葉であり，外国につながる生徒がいきいきと語りあう場には最適のネーミングとなった。

おもな内容は，卒業生やモデルになるような存在あるいは母語話者である外国につながりを持つサポーターの大学生を交え，フリートークを行うことである。茶菓を取りながらの自己紹介，大学生サポーターが作成したマインドマップを用い身近な事柄や趣味のことなどを自由に語り合い，普段の放課後補習とは違ったリラックスした交流を持つことができている。

図2　マインドマップ

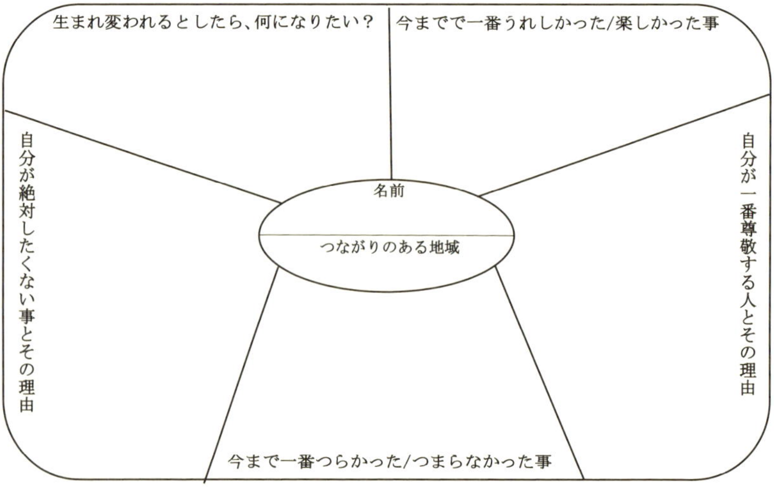

（小菅真人氏作成）

その過程では，日本人生徒が自身の悩みや考えを外国につながる生徒と比較しながら捉えようとする姿も見られている。外国につながりを持つ大学生からは，進学の意味や高校での勉強の重要性など，高校生に対して率直でやや厳しい意見も出されることもあるが，自分と似た境遇を克服してきた「先輩」という意識からか，参加した生徒は非常に真剣に聞き入り，質問も活発にしていた場面が印象的だった。この活動については2008年以降，毎年２～３回ほど，継続的に実施している。

⑷「日本語」の授業サポートおよび放課後学習サポート

2009年度からは新たに日本語教師であるサポーターを派遣し，「日本語」の授業サポートおよび放課後学習サポートにも重きをおいて活動を行った。週1回の「取り出し」の日本語の授業はおもに高校の国語科担当教員が担当しているため，日本語教師の資格を持つ人材を派遣し「外国語教育」としての日本語授業を行うためのアドバイスやサポートを目指した。

日本での生活においてやはり日本語修得は不可欠であるため，高校でもなお一層の日本語の指導が求められているが，同時に教科についていけるだけの日本語および学習言語能力をいかに向上させるかが課題となっている。また，大学進学を希望する生徒にとっては，入学試験に対応できる学力や学習の習慣を早い段階から身につけておくことが大切であり，そのために教科指導に力を入れていくことが求められた。

とくに2011年からは，「日本語」を担当する国語科の教員の要望を聞くようにつとめたところ，国語教育と外国語教育としての日本語指導の違いに戸惑っている教員もおり，とくに文法や語彙については学習到達目標をより明確にすることが必要であることがわかった。そのため，日本語の授業をサポートする日本語教師を派遣し，初級クラスのサポートに集中的にあたってもらうことにした。

毎週1回行われる放課後学習サポートでは，通常の補習やテスト対策のほかに，日本語能力試験対策も行い，N2～N1を目指す生徒が勉強を続けている。ここにも日本語教師の資格を持つサポーターを派遣することにした。また聞き取り調査から，高校卒業後の進路として，日本で大学や専門学校等を目指す生徒が多かったが，多くの生徒は大学進学のシステムを正確には理解できていない傾向もみられた。大学進学を目指す生徒に対しては，きめ細かい進路の情報を提供することが明らかになったため，大学進学希望者への支援として，大学についての情報収集と提供，受験科目対策なども行った。

4．校内でのフィードバックの重要性

当初「多文化教育コーディネーター」という新事業が始まることにより，高校側としては外国につながる生徒たちの問題がすぐに解決するのではないかという大きな期待も高まっていたはずだ。とりわけ日本語力の向上や日本人生徒との活発な交流という具体的な成果を求めていたにもかかわらず，筆者からの提案はリサーチ活動だったことについて，少なからず疑問を持つ教員や管理職もいたようだ。そのため，校内で調査結果をわかりやすく伝えるということが非常に重要であると考えた。

前述のとおり，外国につながる生徒への聞き取り調査の結果は，とくに2009年度以降は外国人支援担当教員と担任へ伝え，校内での共有化を促してきた。また2008年には教員研修においても，その結果を報告した。ここでは2008年の研修内容について紹介しておきたい。担任教員および生徒への聞き取り調査をもとに作成したシナリオをもとに，数名の教員がそれぞれ中国，フィリピン，ブラジル人生徒等の役になり，「独白」という形でシナリオを発表し，その後教員によるグループ討論を行った。シナリオのなかには中国語原文にピンインのみを付したものも含まれ，ルビ振りの日本語教材の音読という外国人生徒が日頃おかれている境遇に近い行為も追体験してもらった。

研修自体は，事例報告としてシナリオの独白を60分間行い，外国人生徒の置かれている状況に筆者が適宜解説を加えながら理解を深め，その後感想・質疑応答を30分間行った。グループディスカッションとしては，小グループに分かれて外国人生徒に対するより有効な支援について，今後できそうなことを話し合い，本当に実現可能な案は外国人支援担当で持ち帰るという手法をとった。グループディスカッションのなかでは多岐にわたる意見が出され，たとえば，放課後学習サポートの拡充，通訳や電子辞

資料１　教員研修のシナリオ（一部抜粋）

テーマ：外国につながる生徒たちにとっての日本の高校で学ぶことの意味
――生徒への聞き取り調査の事例から――

●研修の趣旨説明
●役割分担：
【司会】○○○○　【コーディネーター】
・進行役・コメント：坪谷
【教員６名】
１．中国人生徒Ａ：○○，２．中国人生徒Ｂ：○○
３．フィリピン人生徒Ａ：○○，４．フィリピン人生徒Ｂ：○○
５．台湾人生徒：○○，６．南米出身の日系人生徒：○○

１．突然の来日，来日経緯の不十分な理解
⑴来日経緯
フィリピン人生徒Ａ
中学のとき来日しましたが，悪い友だちと付き合ってしまい警察沙汰になってしまいました。その後，母にフィリピンに帰国するように言われ，帰国して，祖母とフィリピンに残る決意をし，別のハイスクールに入り直しました。でも，留年をしてしまい，母にまたとても心配され，再度日本に呼び寄せられました。

中国人生徒Ａ
我是…，我妈妈跟日本人结婚嘛，我跟我母亲分开 7，8 年吧。我母亲来到日本是家里的生存嘛。我知道我要来日本后，我的心情，去就去吧，反正在中国也没有什么前途，在日本 16 岁就可以打工了嘛，有前途。前途是金钱的钱，哈哈哈。

中国人生徒Ｂ
日本に行くことを母から伝えられたのは，2 週間前でした。ちょうど期末テスト中だったから気が散るのを心配してくれたのだと思いますが，家の中の家具とかを片付け始めてさすがの私も気が付きました。結局そのことで期末テストもうまく行かず，友達ともきちんとさよならも言えずにそそくさと荷物をまとめて出てきたのがさみしかったです。

⑵日本について知識
フィリピン人生徒Ｂ
日本について知っていたことは，ディズニーランド，富士山，東京タワー。日本に行くのは「私の勉強のためだよ」と，お母さんから伝えられました。聞いたときは，フィリピンに友達がいっぱいいたから離れたくないと思いました。

２．日本の学校で
⑴授業での日本語の難しさ，日本語の勉強法
中国人生徒Ｂ
普通の会話なら問題ないし，授業中の先生の発話や板書はだいたい分かるけど，日本語で一番困ることは，助詞の使い方ですね。作文，メールなど，日本語を書くときにとても困ります。

フィリピン人生徒A

ときどき授業のなかで，漢字で深い意味の言葉がわからないことがあります。でも，テストの前に先生が英語で通訳してくれるので，とても助かりました。あと，プリントにルビふりをしてくれるよう先生にお願いしていたら，ようやく今年実現しました。

→英語対訳やプリントのるびふりの重要性

フィリピン人生徒B

私の場合はビデオで勉強しています。映画や DVD の subtitle で，日本語を出して，そうすると「こういう漢字だったのか！」とわかります。あと洋楽の CD の歌詞カード lyrics のとなりの日本語と一緒に読むと「こういう意味なんだ！」と，楽しみながら勉強になります。それから中学のときは校歌を歌うのが好きでした。学校の校歌の日本語は，結構意味が深くておもしろいです。

資料２　教員研修で使用した感想シート

教員用感想シート

氏名：

＊以下の場面や立場に応じて、そのつど簡単にメモや感想を書いてください。

1．複数名の外国につながる生徒を担任として持つことになった教員Aの立場から	
	指導方針
2．来日――生徒の立場から	
	突然の来日の決定を聞かされて
	日本語の習得、教科学習の困難さ
3．教室という空間で	
	日本人生徒の立場から
	外国人生徒の立場から
	担任としての立場から
4．家族との関係で	
	母国の状況や友人などと比較すると
	外国人生徒の立場から
	親の立場から
5．将来やアイデンティティについて	
	外国人生徒の立場から
6．全部を聞いた上での教員Aの立場・指導方針	
7．メモ・意見・感想	

写真　教員研修の様子

①教員が生徒役になりシナリオを読む

②グループディスカッション

書の活用，支援がとくに大変な1年生の担任へのフォローアップ，日本語レベル別のクラス担任との連携，生徒がつまずきやすい教科のキーワード訳，英語が得意な外国人生徒による授業づくり，予算・人的な面での配慮が必要，などが挙げられた。研修という機会をとおして非常に具体的で活発な意見交換が実現し，教員がそれぞれに日頃感じていることを共有できた点は意義深い研修となった。

こうした職員研修の議論などをとおして，多文化の背景を持つ生徒に対して校内のさまざまなレベルや方法でのエンパワーメントの重要性に気づく教員の姿も見られるようになった。すなわち，外国につながる生徒たちとともに，彼らが置かれている状況および問題を自覚し，高校生活や卒業後に役立つ力をつけることがいかに必要なのかということへの認識である。日本語指導や学校適応を強調する見方から生徒らの声へ耳を傾けること，彼らのルーツや背景を授業等で積極的に認めていくこと，モデルになりうるような「重要な他者」との出会いの大切さなどを現場が再認識した証左であろう。

5．多文化共生教育指針策定の取り組み

(1)草案検討から完成までの経緯

鶴見総合高校としての外国につながる生徒受け入れの方向性を内外に示すような指針の作成については，本事業が始まった2007年から外国人支援担当会議の議題としては上がっていたがなかなか実現していなかった。

同校では外国につながる生徒への支援体制を多岐にわたり展開しながらも，実情としては一部の教員への負担が多くなりがちな部分や，この問題への教員間の温度差もないわけではなかった。その背景には，学校全体としての外国籍生徒受け入れについて，方向性が不明確な部分があるのではないかと考え，事業開始当初より，校内のガイドラインあるいは指針づくりの準備に入ることを筆者は提案していた。これは外国人生徒への支援に熱心な教員からも寄せられており，何度か教員からのたたき台をもとに検討を行ったこともあった。

こうした重要性を説いた筆者に対し，当時の校長は指針づくりについてはどちらかといえば慎重な態度を示していた。校長自身は，外国につながる生徒受け入れや支援自体には積極的で，保護者への日本語支援，全校集会での発言の機会，地域内の多文化拠点のリストアップ，地域内の人的資源の活用を検討するなど，外国につながる生徒への前向きな姿勢をみせていた。

しかし，指針策定については，「校内での議論も十分になされないまま（指針だけが）一人歩きするのはよくない」とか，「総合学科のなかでの多文化共生を目指すべき」「総合学科との整合性」という点を強調していた。その背景には，「（外国につながる生徒の受け入れは）本校だけに限らなくてもよいのではないか」というような，他校への分散を望む意見を持っていたことが窺えた。ただしこうした意見は校長にとどまらず，担任への聞き取り調査でも寄せられていた。そもそも在県枠制度は，当該校からの申し出も必要だが，県の教育委員会の決定に左右される部分も少なくなく，こうした事情から現場では一種の「負担感」を生み出す原因にもつながっていたのかもしれない。また総合高校（学科）とはいわば普通課と職業高校の中間に位置し，生活に密着した科目が多いということが特徴で，この点でも「国際性豊かなことをアピールする国際高校とは違う」という考え方もあったのだろう。これらの要因が指針策定への慎重な態度や実際の検討に入るまでに時間を要したと推測できる。

その後2009年度頃からは，外国人支援担当の教員たちにより外国人生徒受け入れの先進校や先進地域の教育方針を収集したり，それらを参考に草案の改定作業が少しずつ進められた。2010年度からは，同校が文部科学省や神奈川県の人権教育研究の指定校になったこともあり，その活動の一環として先進校・関連施設への訪問，研修会への参加，そして外部講演や学校評議委員からの助言などを通じて，指針に関する研究がさらに進められるようになった。

2011年に筆者が再びコーディネーターに就任した後に，あらためて指針策定について提案したところ，高校側としても前向きに進めたいという回答を得られたため，同年11月頃から教育指針検討担当とコーディネーター（ときに，サポーターも含め）で草案の検討に入ることとなった。何度か草案の修正を重ね，2012年の年明けからは，外国人支援担当→管理職，総括教諭等→学校評議員，と学内での細かい文言のチェックや修正を受け，2012年3月に「鶴見総合高等学校　多文化共生教育指針——外国につながりのある生徒の支援のために」として完成に至った[3)]。

⑵指針に込められた思い

「鶴見総合高等学校　多文化共生教育指針——外国につながりのある生徒の支援のために」は，Ⅰ　基本的な考え方，Ⅱ 本指針が目指すもの，Ⅲ　支援の目的，Ⅳ　支援の柱と意義，Ⅴ　校内の支援組織及び支援体制，附則，から構成されている。

Ⅰの「基本的な考え方」では，世界人権宣言，日本国憲法，「在日外国人（主として韓国・朝鮮人）にかかわる教育の基本方針」（神奈川県教育委員会），「かながわ人権施策推進指針」ほか,「川崎市在日外国人教育基本方針」,「神奈川県教育委員会外国につながりのある児童・生徒への支援のためにQ＆A集」等の，人権や多文化教育に関わる法令や方針を参考に，子どもの学ぶ権利，民族・文化的背景が尊重されるべき理念，実際の運用などを確認した。この指針策定の作業は目新しい支援や体制づくりを目指して行われたものではなく，「人権」「多文化共生」という国際的・社会的文脈から，これまで同校が行ってきた実践やノウハウ蓄積の意味の確認および読み直しの作業が出発点となった。これまでの高校における支援を，もう少し広い視野で読み直すとどのような意義があるのか，という点は筆者がお

3)「鶴見総合高等学校　多文化共生教育指針——外国につながりのある生徒の支援のために」の全文については，巻末を参照のこと。

表1　指針の大枠

Ⅰ　基本的な考え方
Ⅱ　本指針が目指すもの
Ⅲ　支援の目的
Ⅳ　支援の柱と意義
1　外国につながりのある生徒の状況把握
2　学習支援
⑴日本語の学習に関すること
⑵母語の学習に関すること
⑶教科の学習に関すること
3　進路支援
4　家庭・保護者への支援
5　多文化共生教育推進
6　教職員等への研修
7　地域社会との連携
Ⅴ　校内の支援組織及び支援体制
附則

もに担った作業である。

策定に際してもっとも難しい作業だったのは，たんに支援の方向性を学内の関係者だけが理解するだけでなく，外国につながる生徒自身，またその保護者，という三者へ向けられるという点であった。そのためには，読みやすさ，わかりやすさ，明確さを目指さねばならなかった。したがって，文言もそれほど専門的なことばを使用できず，しかし理念は明確に示さなければならないという難題を解決しなければならなかった。ただ規則を示した文書とは異なり，たとえば，「読み物」としても意味があり，「おもしろく」「興味深く」せねばならず，将来的には校内で教材として取り上げることができるくらいの水準を目指した。また，外国につながる生徒や保護者向けに，各国語訳が入ることが前提のため，「鶴見総合高校は」と主語を適宜入れたりすることなども意識して行った。

この指針は外国につながる生徒支援の目的のために策定されるものだったが，文言一つでともすればネガティブなイメージが固定化してしまうおそれもあったため，「～～の問題を抱えている」「～～できない」などの表現には，その背景にある問題にも言及するなどの注意を払った。だが，表面上の文言のみならず，このような指針ができることにより支援の意義が明確化されても，「支援する側―される側」といった権力関係が固定化してしまっては策定そのものの意味も薄れてしまいがちだ。むしろ，「もともと対等である」「日本人側が彼らから学ぶところも多い」という大原則をきちんと盛り込むことは，何より重要と考えた。

彼らへの支援が高校にとって「特別」なことや「負担」ではなく，「財産」や「宝」であることも明確に示したかった。すべての生徒に「平等」な教育が「あるべき教育」と考えられがちだが，生徒たちには異なる社会的・文化的・経済的背景がありそれを考慮しなければ真の意味での「平等」の教育は行えない。「普遍」を求めながらも，一方で「個」の違いや多様性にも気づかなければいけない。その結果として，すべての生徒に対する質の高い教育につながると考えた。さらに，校内の多様な文化や個性と出会うチャンスを広げると同時に，その際に異なる文化を持つ生徒への差別や偏見に対して敏感になり，許さないという態度をとることも大切であることも表記した。このような努力は，特別な生徒への対応にとどまらず，支援を考え行うことによって日本人生徒も含むすべての生徒，教員の学びや成長につながるという理念も全面的に打ち出すことにした。この問題は，最終的には，学校が抱える「固有（個別）」と「普遍（共通）」の問題をいかに埋めていくかということを意味していた。

> このことは彼らだけの特別な問題なのでしょうか。実際，日本の中にも様々な文化的背景を持つ人たちがいます。すべての生徒には，一人一人異なる個性や背景があり，それらを考えずに教育を行うことはできません。外国につながりのある生徒たちの抱える特殊な背景や事情を理解し，どのように支援していくかを考えることは，すべての生徒への支援や教育を考えることにもつながるのです。
>
> （「鶴見総合高等学校　多文化共生教育指針」の「I　基本的な考え方」から）

草案の第1稿では，「II　支援の柱」として，たんに支援項目だけがあげられているだけであったが，それぞれの支援の持つ「意義」も加え各支援の意味を確認し，教員から生徒への説明用としても活用してほしいという思いもあり，「支援の柱と意義」として，箇条書の文言を文章化し支援一つ一つに込められた意味を記載することにした。

たとえば，「1．外国につながりのある生徒の状況把握」については，個人情報保護の問題もともなうが，彼らのバックグラウンドを知らなければ適切な支援を行えないことを示したものである。同校での「公文書記載カード」[4)]への記入などは，厳密な「人権」の観点からいえば，生徒の出自を明らかにしないという原則に反するのかもしれないが，同校ではむしろバックグラウンドがわからなければ支援ができないという明確な立場を取っている。また2．の「学習支援」については，⑴日本語の学習、⑵母語の学習、⑶教科の学習，のそれぞれが欠かせない学びであることの意味を説明している。たとえば，⑴日本語の学習の意味も，一般的には「ここは日本だから日本語を勉強しなければならない」という説明では足りず，授業の理解のために，抽象的論理的な考え方ができること，つまり学習思考言語としての日本語を身につけることの重要性を説いている。また、⑵の母語学習については，「自分は中国人なのになぜ中国語を勉強しなければいけないの？」という生徒側からの問いにも，母語が十分なレベルまで身についていることが日本語学習の助けになるということが説明できるよう述べられている。4．の「家庭・保護者への支援」については，母国と日本の教育制度の違いや教育をめぐる価値観の違いにも配慮することを説いている。

同校のように外国につながる生徒を多く抱える学校では，6．の「教職員等への研修」は非常に大切であることもわかった。外国につながる生徒にとって「財布を落とした」ということの重大さは，すなわち外国人登録証や在留カードを落とすことであり，日本人生徒の比ではないという。こういった事柄については，むしろあいまいな知識での対処では不十分である。とりわけ就職や進学に際しての在留資格の問題に関しては，きちんと制度上の制約も理解した上でアドバイスや励ましを行うことが大切で，後から自分の在留資格の就労上の制限を知らされ，それからは進路に対するモティベーションを持てなくなったしまった生徒の例なども指摘された。在留資格，生活保護，奨学金などについては，教員研修できちんとした知識を身につけることが，真の意味でのエンパワーメントにつながると外

4）詳しくは第1章を参照のこと。

国人支援担当の教員から強く伝えられた。とはいうものの，こうした日本の現行の在留資格制度が抱える課題自体を完全に容認してよいわけではなく，制度から起因するいじめや差別が起こりうることも十分に理解しなければならない。あるいは現状を変えていくアクションを起こすことも必要で，就職差別など深刻な問題が発覚した場合には，高校としても毅然とした態度を取らなくてはいけない。外国につながる生徒たちの持つ文化面に対しての寛容性のみならず，彼らの生活や進路に関わる制度については正しい知識や最新の情報を持つことが大切だ。弁護士や行政書士などの専門家を招いた研修の重要性がここでは説明されている。

6. 多文化教育コーディネーターが学校に入ることの意味

ここまで5年間におよぶ多文化教育コーディネーターとしての活動の概要にもとづき，外国につながる生徒への支援に対しどのようなことができるか論じてきた。最後に，学校にとっては外部の人間である地域社会の援助者が教育現場に関わることの意義や可能性について考えてみたい。

(1)現状分析の重要性への認識変化

5年間という時間をほぼ継続的に1つの高校で活動してみると，その間に校長や管理職の異動という要因もあったが，同校の置かれている状況が変わった点も少なくない。そのようななかでも，授業見学，生徒への聞き取り調査，日本語授業のサポート，放課後学習サポート，しゃべり場など，継続的に行ってきた活動に対して，教員間での認知度も上がり，たんに「日本語力を向上させる」「日本人と交流すれば良い」といった当初の認識から，全校的に外国につながる生徒の問題に取り組むことの重要性や彼らの声やルーツを大切にすることについての認識も徐々に浸透したように思われる。

とくに2010年頃までには，この問題に寛政高校時代から，個人的に熱心に取り組んできた教員数名が異動等で同校を離れたことも影響してか，一部の教員が専門的・個人的に抱える問題ではないとか，皆で分担すべきではないかという機運が高まったと支援担当の教員が述べていた。たとえば学年，教科ごとの連携も進み，各学年から外国人支援担当を積極的に選出したり，放課後のサポートにあたる教員も当番制にしたり，全校的な協力体制づくりも進んでいるということだった。

鶴見総合高校では，筆者がはじめて多文化教育コーディネーターとして関わった当初から，教員組織による「外国人支援担当」が設けられていた。また，そのなかでもかなり熱心に活動をしている教員が複数名おり，校内でも「キーパーソン」的な存在となっていたため，比較的筆者の意見を自由に言える雰囲気は整っていたといえる。たとえば，県内の他校で活動したコーディネーターのなかには，高校に窓口や担当者，担当者会議といった体制が整っていないことから，高校との意思疎通自体に苦慮していた者も少なくなく，こうした点は鶴見総合高校で早い段階からさまざまな活動を展開できた一番の要因と考えてよいだろう（吉田 2011:29-130）。

ただし，地域やNGO等で日本語や教科指導を続けてきた他校の多文化教育コーディネーターと比較すると，筆者は教育学や日本語教育を専門にしているわけではなく，地域の学習室等でボランティアを続けながら移民の子どものアイデンティティを中心に調査や研究を行ってきた者であり，明らかに現場への関わり方は異なっていた。すでに同校では多くの支援が確認できたこともあり，本事業では現場の教員の体験や生徒の声を集め共有するという，日本語や教科指導中心の他校とは異なるアプローチを採用した。そのことから，高校から見れば「何をやっているか成果が目に見えない」という印象を強く持たれていたことも否めない。このほか，まず教員や生徒のリサーチから開始するという事業のねらいを理解してもらうことにも時間を要した。こうした取り組みは，確実な結果が期待できるものではなく，即効性も少なく難しさをともなう。今後もこの事業で掲げた課題の解決あるいは改善点の方向性を検証しながら，長期的なスパンで現場へフィードバックする努力は引き続き行わなければならない。

⑵信頼／緊張関係のなかで

地域社会の支援者にとって学校との連携や協働を開始する際に欠かせないことは，まず学校からその存在を認識され信頼されることであり，県内の他校を担当したコーディネーターたちもこの点をかなり重要視している（吉田 2011: 123）。たしかにコーディネーターの仕事を遂行するにあたり，「ラポール」形成は欠くことができない。ただし，外部からコーディネーターが入るという意義についてもう少し踏み込んで考えると，良い意味で「緊張」を孕んだ関係であってもよいのかもしれないと，とくに活動の 2 年目以降強く感じるようになったのも確かである。とくに鶴見総合高校のような，県内最多の外国籍の生徒を抱える学校では，内部にもいろいろな意見や温度差があるのが当然であろう。そういう意味では，教師たちからコーディネーターとして「認知され」「仲良くなる」ことも円滑な活動を行う上では欠かせない点であり，筆者も活動開始当初はそのようなことに神経を使っていた。しかし時間の経過とともに，一方では，「部外者」だからこそ言えたり行えたりすることもあるのではないかとも思えるようになった。

こうした部外者の（高校からすればもしかしたら）「面倒な」目が光っていることにより，教員も当たり前にしていたことを，少し立ち止まって考えてくれるようになれば，それもコーディネーターが学校に入る意義ではないかと考えることもできる。常に外からの視線を意識するということが，教育現場にはとても重要なのではないだろうか。コーディネーターとして学校の教育に関わるという点では完全に「外の人間」ではなく，「学校に関わりつつも外部であること」は問題の解決にあたり求められていることであろう。完全な第三者に対しては，学校は閉じたり隠したりできるが，協力関係にある外部の者に対してはそれだけでは済まされない。したがって，あるときは緊張関係を保ちながらつきあっていくことになることになるのだが，そのことが学校に新しいものをもたらす可能性につながるのかもしれない[5)]。

5 年間という時間の経過を総括してみると，多文化教育コーディネーターという役割は，日本語教育のほかにも，外国につながる子どもとの関わりの経験や知識，地域でのサポート・ネットワーク，多文化教育の理念など，高校の教員は持ち合わせない高い専門性や独立性が求められる役割であると考えられる。そこには，調査やリサーチといった現状分析にもとづき，高校に対して提案を行う力量までもが要求されているように思う。

5）この点については，2007 ～ 2011 年度多文化教育コーディネーター事業代表の吉田美穂氏との意見交換より得たところが多い。

高校から依頼されたことだけを請け負う「受け身」の活動スタイルでは十分ではなく，学校行政や組織についても理解が必要で，校長や教頭，管理職などに活動計画やその成果を伝える力なども求められる。現状分析や専門知識にもとづき，いかに高校とともに外国につながる生徒への支援を考え体制を築けるかにかかっているといえる。

高校と共同で実践活動を行う多文化教育コーディネーター事業に求められている専門性や情報共有のあり方については，学校と研究者が調査・研究を行うアクションリサーチ（action research）の視点が非常に参考になる。筆者が事業の実践者として調査・教員研修やイベントといった教育現場のフィールドに直接的に関わった過程は，研究者が現場での調査活動のみならずイベントや研修にメンバーの一員として参加するという「参加型アクションリサーチ」（酒井 2009: 18）にあたるものだろう。本事業は最初からアクションリサーチとして計画されたものではないものの，学校とのやりとりや試行錯誤のなかで，また学校がコーディネーターに期待する役割を理解する過程において，こうした視点は事業を効果的に進める上で適切なのではないかとの認識を持つようになった。

ただしアクションリサーチは，現場と研究者の間で目標が一致している場合は効果が期待できるが，課題によってはさまざまな価値観が存在し必ずしも目標や目指すべき到達点が一致しない場合もある。学校側とコーディネーターの間で支援についての考え方に隔たりがある場合には，十分な討議を経て事業計画を立てなければならないが，本事業に関していえば開始当初はそうした意思疎通には困難をともなった。しかし学校としてコーディネーターの本来的な目的について理解を深め，活用方法に関して方向性を見出すことができれば，継続的な支援も望めるだろう。学校側も校内の支援の課題について第三者から指摘を受けることについて認識を改め，課題解決に向けてともに仕事をするという姿勢が必要だ。

おわりに

本事業をとおして，これまでかなり広範囲にわたって活動を展開したものの，同校において各種行われている日本語指導の連携体制をどう整えるかは今後の課題として残っている。また保護者どうしの交流やエンパワーメントなども求められつつも，保護者が学校に集まる機会が多くない高校段階では難しい点もあり，着手には至っていない。

それでも，本書の他章でも触れられているが，日本語習得や教科学習以外の場面でも，外国につながる生徒が主体的に高校の授業に関わったり，日本人生徒と個人レベルでもつながることができる機会を徐々にでも増やす取り組みは確実に増えてきている。たとえば選択科目の「多文化交流体験」等の授業で，外国につながる生徒たちが講師役となり，母国の現在の様子を紹介したのが日本人生徒に好評だったという。また生徒会の組織である「多文化交流委員会」では，文化祭や地域のイベントの機会に日本人生徒とともに，「世界の遊び」などのテーマを持って活動している。校内の行事等での日本人生徒との交流以外に，大学生や地域社会などとの交流をとおして自分の意見や考えを発表したりするなかで，自分の生き方を模索する機会も増えている。これらをとおして，外国人生徒が日本の高校で主体的に学ぶという課題の克服につながるだろう。

地域の支援者と高校の連携にとって，コーディネーター活動をとおして得られた生徒の状況や課題を学校と共有するために，定期的に外国人生徒支援会議等で意見交換を行う場は何より重要である。コーディネーター活動はたしかに高校の一部分として行われるが，活動を円滑に進めていくためには，やはり学校全体のことを理解する必要もあるし，むしろこの問題を高校での教育全体にどう位置づけるかは学校改革を重視する多文化教育の観点から見ても欠くことができない。支援の対象となる外国につながる生徒について在籍状況等の基本的な情報収集からはじまり，学校全体がどのように動いているのかを把握するまでには相当の時間を要し，そのうえで支援のプランを立てるという能力が多文化教育コーディネーターには求められている。プランに沿って，地域の人材を探したり集めたりするネットワークも不可欠だ。外部の支援者と高校との距離をどう埋めていくのか，より広い目で見れば，外国につながる生徒への支援という一領域を超えてコーディネーターによる支援活動が，いかに高校全体の学びとリンクし，有機的に作用するかという点も問われるだろう。

引用文献

松尾知明 2007『アメリカ多文化教育の再構築――文化多元主義から多文化主義へ』明石書店.

新保真紀子 2008「校内サポート体制」志水宏吉編『高校を生きるニューカマー』明石書店，pp. 90-102.

野津隆志 2007『アメリカの教育支援ネットワーク――ベトナム系ニューカマーと学校・NPO・ボランティア』東信堂.

酒井朗 2009「調査フィールドとしての学校――アクセスの困難さとアクションリサーチへの期待」『社会と調査』No.2, pp.13-19.

吉田美穂・山田泉 2009「多文化教育コーディネーター事業の現状と課題」『神奈川県立新磯高等学校 CEMLA 報告書』.

吉田美穂 2010「外国につながる子ども支援をめぐる地域人材と学校組織の協働――神奈川の多文化教育コーディネーター制度から考える（その 1)」『教育学論集』52, pp.143-179.

吉田美穂 2011「外国につながる子ども支援をめぐる地域人材と学校組織の協働――神奈川の多文化教育コーディネーター制度から考える（その 2)」『教育学論集』53, pp.121-153.

参考資料 **鶴見総合高等学校**

多文化共生教育指針

——外国につながりのある生徒の支援のために

2012 年 3 月制定

I　基本的な考え方

すべての人は生まれながらに自由であり，尊厳と権利について平等です。また，人種・皮膚の色・性別・言語・宗教・社会的出身などを理由として差別されてはなりません。これは，日本国憲法や「世界人権宣言（1948 年）」にも書かれているとても重要な考え方です。

さらに，日本は 4 つの大切な条約を結んでいます。「国際人権規約（1979 年）」，「難民条約（1982 年）」，「子どもの権利条約（1994 年）」，「人種差別撤廃条約（1995 年）」です。これらは，国内の人と国外の人を平等に扱い，外国人が教育を受ける権利を守るとともに，私たちの生活からすべての差別をなくすことをうたっています。

神奈川県も，「在日外国人（主として韓国・朝鮮人）にかかわる教育の基本方針（1990 年）」を作りました。ここでは，子どもたちが様々な文化と個性を尊重してお互いを認め合うことの大切さや，自分が何者かということを意識して生きることが必要であること，そして，共に生きる社会を実現するためには，教育の果たす役割が大きいということが示されています。こうした考え方は「多文化共生」と呼ばれています。「多文化共生」とは，民族・性別・言語・宗教・身体的および精神的障害・性的マイノリティなど様々な文化を持つ人がお互いの違いを認め合い，対等な関係を築きながら一緒に生きることを目指しています。このことばは近年，「かながわ人権施策推進指針（2003 年）」など様々なところで使われてきています。

神奈川県，特に鶴見地区は戦前から多くの在日韓国・朝鮮人が住んでいる地域です。そして，1980 年代以降に様々な理由で日本に来た人も多く，現在はより国際化が進んだ地域となっています。このような中，鶴見総合高校は一般募集に加えて在県外国人等特別募集枠もあるため，外国につながりのある生徒がたくさん入学しています。「外国につながりのある生徒」とは，外国籍生徒だけでなく様々な形で外国にルーツを持つ日本籍生徒のことも指しています。

本校に通っている外国につながりのある生徒の中には，様々な問題を抱えている人がいます。日本語の力が十分でないために授業が理解できない，自分がなぜ日本にいるのかわからず「自分は何者なのか」がわからない，経済的な理由から勉強を続けられない，保護者とうまくコミュニケーションがとれない，進路をどうしたらいいのかわからないなどです。これらの問題によって，外国につながりのある生徒たちは日本社会や学校に，また家庭にさえも「自分の居場所」を見つけられずにいることも少なくないのです。

このようなことは彼らだけの特別な問題なのでしょうか。実際，日本の中にも様々な文化的背景を持つ人たちがいます。すべての生徒には，一人ひとり異なる個性や背景があり，それらを考えずに教育を行うことはできません。外国につながりのある生徒の特殊な背景や事情を理解し，どのように支援していくかを考えることは，すべての生徒への支援や教育を考えることにもつながるのです。

本校には「互いに個を尊重し合う意識を育み，多文化共生の体験を通して『相互理解』の涵養（ゆっくりと養い育てること）をはかる。」という教育目標があります。私たちは，身近にある様々な文化や個性と出会うチャンスを広げ，鶴見総合高校から多文化共生を実現していきたいと考えています。そのためには，異なる文化を持つ生徒への差別や偏見を敏感にとらえ，それを許さないことが大切です。

私たちは，様々な文化が存在するこの鶴見という土地の歴史や力を生かしながら，外国につながりのある生徒たちを本校の「宝」として大切にしていきたいと思います。なぜなら，彼らはこの鶴見総合高校に豊かな出会いや学びを与えてくれるからです。彼らの抱える問題を解決し，本来持つべき権利を実現するためには，教育条件を整えることが不可欠です。この取組が，外国につながりのある生徒だけでなくすべての生徒への教育をより一層向上させるものであると信じています。

このような思いを実現するために，私たちはこの指針を策定しました。

Ⅱ　本指針が目指すもの

本指針は，鶴見総合高校のすべての生徒が，学校・地域社会の中で，人権を尊重し，国籍や出身地にとらわれることなく，互いに違いを認め合いながら学び，それにより共に成長できる環境を整えることを目指すものである。

Ⅲ　支援の目的

1　外国につながりのある生徒の教育を受ける権利の保障
2　外国につながりのある生徒のアイデンティティ・自尊感情の確立
3　外国につながりのある生徒の進路実現
4　すべての生徒が違いを認め合う相互理解の促進

Ⅳ　支援の柱と意義

1　外国につながりのある生徒の状況把握

適切な支援を行うためには国籍・在留資格・海外での生活経験等の把握が不可欠であり，校内外の様々な活動の際に必要な場面もある。日本語能力の把握は，適切な日本語指導の前提となり，本人のルーツやアイデンティティなどについての聞き取りも，より有意義な高校生活をおくるために必要である。

2　学習支援

⑴日本語の学習に関すること

まず，日本での生活や学習におけるコミュニケーションの道具としての日本語習得は不可欠である。こうした日常生活で使う生活言語から，さらには授業内容を理解するために必要な抽象的・論理的な思考の基礎となる学習思考言語としての日本語習得を目指す。

⑵母語の学習に関すること

母国や母文化への自尊感情を育み，家庭内コミュニケーションを円滑にし，アイデンティティの形成を促すためには母語を継続して学ぶことは不可欠である。言語学的には，外国語である日本語習得には母語が十分なレベルにまで達していることが有利に働くといわれている。

⑶教科の学習に関すること

授業や教科内容の十分な理解を促し学業を習得するためには，母国と日本との学習内容・進度，教え方・学び方の違いを克服し，抽象的なことばや教科の専門用語などを身につけることが不可欠であり，日本語が十分なレベルにまで達していない生徒の場合，特別な配慮や支援を要する。

3　進路支援

本人のルーツや背景を生かしながら，多様な将来像や自立した生き方を，自らの意思で自由に描けるような進路選択を可能にするために，一人ひとりの状況に応じた進路指導が必要である。

4　家庭・保護者への支援

母国の教育制度，教育や子育てについての価値観の違いに配慮しながら，日本の学校についての情報不足や言語による支障が生じぬよう通訳や翻訳を活用し，家庭および保護者のエンパワーメントを進めることが，彼らの高校生活及び将来を支えるためには不可欠である。

5　多文化共生教育推進

授業，委員会・部活動，行事等それぞれの場面で，外国につながりのある生徒の活躍の場を増やすことは，彼らの自信につながるだけでなく，すべての生徒にとっても様々な文化を学び，受容する姿勢を身につける機会となる。人権や差別の問題への意識を高めながら，相互理解を促進し，豊かな人間性を育むことを目指す。

6　教職員等への研修

多文化共生の視点を指導や授業に反映するためには，外国につながりのある生徒の出身地域の文化・社会・言語などへの理解が必要である。特に，現行の国籍・在留資格や，それらによる制約や差別についての正しい知識は，外国につながりのある生徒たちの日常生活および将来に直結するものである。このことを十分に認識した上で指導・相談にあたるために，学習及び研修は不可欠である。

7　地域社会との連携

外国につながりのある生徒にとってのモデルになるような人物との交流や，彼らの活躍の場を学校以外にも積極的に求めることは，大変貴重な経験となる。地域の豊富な資源や人材と連携した教育活動を通して，「開かれた学校」や多文化共生の拠点を目指す。

V　校内の支援組織及び支援体制

1　支援組織の名称　外国人生徒支援担当

2　支援組織の構成　各年次や関連グループ等から選出された教職員により構成

3　支援組織の業務　「II　本指針が目指すもの」を実現するための取組の立案，調整，実施，渉外，広報など

4　鶴見総合高校における外国につながりのある生徒への支援体制

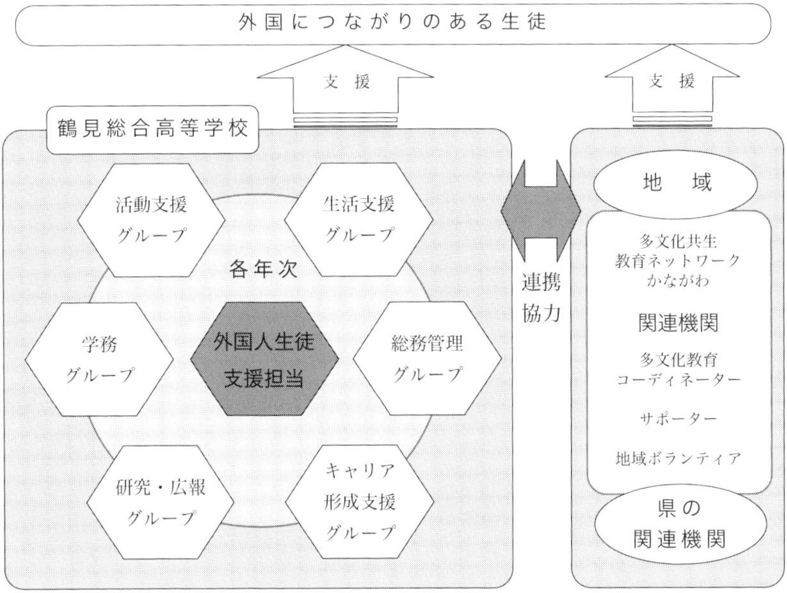

付 則1【支援の概要（2011年度）】　　　＊次の内容に関しては，随時更新

1　外国につながりのある生徒の状況把握

①「公文書記載用カード」による国籍や海外生活経験などの把握

②「日本語力調査」による日本語能力の把握（合格者説明会後）

③「聞き取り調査」の実施

2　学習支援

①個別支援授業:国語総合（1年次），現代文（2年次），国語表現（3年次）世界史A（1年次），地理A（2年次），現代社会（3年次），保健（1・2年次）

＊1年次科目；3クラス　2年次科目；2クラス（保健；1クラス）　3年次科目；1クラス

②「日本語」の授業（入門，発展1・2）

③母語保障（ポルトガル語母語，中国語母語）

④学習サポート（放課後（毎週火曜日），定期試験前（土曜日各2回））

⑤キーワード母語訳（保健・理科・地歴・家庭科など）

3　進路支援

①情報提供

②進路希望に応じた指導

4　家庭・保護者への支援

①配付文書へのルビふり

②通訳（三者面談・保護者面談・入学手続き・合格者説明会など）

③翻訳（保健関係の書類，新入生のしおりのルール部分）

5　多文化共生教育推進

①多文化交流委員会の活動への支援

②学校行事・授業・部活動を通じた取組

6　教職員等への研修

①校内での教職員研修会（情報交換会を含む）

②外部講師による教職員研修会

③ＰＴＡ研修会

7　地域社会との連携

①校内外の説明会などでの発表の場の提供（日本語を母語としない人たちのための高校進学ガイダンス，本校在県外国人等特別募集の説明会など）

②フレンドリー・チャット（LUCERO）

付　則２【外国人生徒支援担当の構成】

各年次（１）　キャリア形成支援グループ（１）　生活支援グループ（１）

活動支援グループ（２）活動支援グループに事務局を置く。

付　則３【外国につながりのある生徒の教育支援についての情報】

・文部科学省 clarinet『海外子女教育，帰国・外国人児童生徒教育等に関するホームページ』

・神奈川県教育委員会『外国につながりのある児童・生徒への支援のためにＱ＆Ａ集』

・(財）かながわ国際交流財団『日本生まれの外国につながる子どもたち〜どうやってサポートすればいいの？〜』

●編著者紹介

坪谷　美欧子（つぼや　みおこ）
横浜市立大学国際総合科学部人間科学コース准教授，博士（社会学）。
立教大学大学院社会学研究科博士課程単位取得退学。日本学術振興会特別研究員（PD，立教大学社会学部），横浜市立大学商学部経済学科講師を経て，現職。2007年4月より神奈川県教育委員会「外国につながりを持つ高校生の学習支援事業」多文化教育コーディネーター（神奈川県立鶴見総合高校）。中華人民共和国黒龍江省社会科学院社会学研究所客員研究員（2009年4月～2011年3月）。

【おもな著書・論文】
『「永続的ソジョナー」中国人のアイデンティティ――中国からの日本留学にみる国際移民システム』有信堂，2008年（単著），「地域で学習をサポートする――ボランティアネットワークが果たす役割」宮島喬・太田晴雄編『外国人の子どもと日本の教育――不就学問題と多文化共生の課題』東京大学出版会，2005年，「外国につながる高校生の抱える課題とそのサポート――神奈川県立高校における多文化教育コーディネーター事業の事例から」『横浜市立大学論叢社会科学系列』第60巻第2号，2009年

小林　宏美（こばやし　ひろみ）
文京学院大学人間学部コミュニケーション社会学科准教授，博士（法学）。
慶應義塾大学大学院法学研究科政治学専攻後期博士課程単位取得満期退学。慶應義塾大学メディア・コミュニケーション研究所研究員，大東文化大学，桜美林大学非常勤講師を経て，現職。2009年4月より神奈川県教育委員会「外国につながりを持つ高校生の学習支援事業」多文化教育コーディネーター（神奈川県立鶴見総合高校）。

【おもな著書・論文】
『多文化社会アメリカの二言語教育と市民意識』慶應義塾大学出版会，2008年（単著），「「中国帰国者」の子どもの生きる世界――文化変容過程と教育」宮島喬・太田晴雄編『外国人の子どもと日本の教育――不就学問題と多文化共生の課題』東京大学出版会，2005年，Hispanic Immigrants and Bilingual Education after Proposition 227: A Case Study of Attitudes about Language and Culture in American Society, *Journal of Political Science and Sciology*, No.10, 2009,「英語を母語としない生徒に対する言語教育――カリフォルニア州の公立高校の事例研究から」『関係性の教育学』第10号，No.1, 2011年

●執筆者紹介（50音順，［　］内は担当章，現職／鶴見総合高校での担当）

安藤 優希（あんどう　ゆうき）［第4章］
鶴見総合高等学校国語科教諭／日本語授業担当，外国人生徒支援担当

井草 まさ子（いぐさ　まさこ）［第9章］
NPO法人多文化共生教育ネットワークかながわ理事，たぶんかフリースクールよこはま代表／元鶴見総合高等学校英語科教諭（日本語授業担当，外国人生徒支援担当）

梅本 霊邦（うめもと　れいほう）［第3章（語り手）］
元鶴見総合高等学校教頭

荻 明美（おぎ　あけみ）［第10章（語り手）］
鶴見総合高等学校非常勤講師／国語個別支援授業担当

木谷 美佐子（きたに　みさこ）［第1章，第5章］
鶴見総合高等学校地歴公民科総括教諭／地歴公民個別支援授業担当，外国人生徒支援担当

小林 宏美（こばやし　ひろみ）
［はじめに，序章，第3章（聞き手），第8章，第10章（聞き手），第11章］
編著者紹介参照

坂本 万里（さかもと　まさと）［世界の子どもたちと地域に根ざした高校教育］
鶴見総合高等学校校長

笹尾 裕一（ささお　ひろかず）［第2章，第5章］
横浜翠嵐高等学校定時制教諭／元鶴見総合高等学校地歴公民科教諭（地歴公民個別支援授業担当，外国人生徒支援授業担当）

坪谷 美欧子（つぼや　みおこ）
［はじめに，序章，第3章（聞き手），第10章（聞き手），第12章］
編著者紹介参照

服部 明良（はっとり　あきよし）［第5章］
鶴見総合高等学校保健体育科教諭／保健個別支援授業担当

本多 エステル ミカ（ほんだ　えすてる　みか）［第7章］
ポルトガル語相談員，翻訳・通訳／鶴見総合高等学校非常勤講師（ポルトガル語授業担当）

山下 誠（やました　まこと）［第6章］
鶴見総合高等学校地歴公民科教諭／地歴公民個別支援授業担当，外国人生徒支援担当

山本 知子（やまもと　ともこ）［第10章（語り手）］
鶴見総合高等学校非常勤講師／国語個別支援授業担当

人権と多文化共生の高校
――外国につながる生徒たちと鶴見総合高校の実践

2013 年 3 月 30 日　初版 第 1 刷発行
2020 年 7 月 31 日　初版 第 2 刷発行

編著者　坪 谷 美欧子
小 林 宏 美
発行者　大 江 道 雅
発行所　株式会社 明石書店
〒 101–0021 東京都千代田区外神田 6-9-5
電話 03（5818）1171
FAX 03（5818）1174
振替　00100-7-24505
http://www.akashi.co.jp/
組版／装丁　明石書店デザイン室
印刷／製本　モリモト印刷株式会社

（定価はカバーに表示してあります）　ISBN978-4-7503-3786-9